Martin Maier

Oscar Romero

HERDER spektrum
Band 5072

Das Buch

In der neueren Kirchengeschichte Lateinamerikas wird zwischen einer Zeit vor und einer Zeit nach Erzbischof Oscar Romero aus El Salvador unterschieden. In seiner Lebensgeschichte spiegelt sich der Standortwechsel der lateinamerikanischen Kirche auf die Seite der Armen, wie er 1968 auf der Bischofsversammlung von Medellín beschlossen wurde. Aus einem ängstlichen und unpolitischen Kirchenmann wurde unter dem Eindruck der Ermordung von P. Rutilio Grande SJ ein prophetischer Verteidiger der Armen. Romero setzte sich damit den Anfeindungen der Mächtigen und Reichen aus. Aus einer tiefen Christusverbundenheit ist er seinen Weg bis zur letzten Konsequenz der Lebenshingabe gegangen. Weltweit wurde er zu einem Symbol für eine von der Theologie der Befreiung inspirierte und für die Armen engagierte Kirche. Angehörige anderer Konfessionen und selbst Nichtgläubige sehen in ihm ein Vorbild. Solidaritätsgruppen in vielen Ländern haben sich nach ihm benannt. Dieser Band zeichnet den Lebensweg Romeros nach, wobei die besondere Aufmerksamkeit seinen Entwicklungen, seiner Wandlung, seiner Bekehrung gilt. Vertiefend wird den inneren Einstellungen und Haltungen Romeros nachgegangen. Der Autor stützt sich dabei neben bis jetzt nur auf Spanisch veröffentlichten Quellen auch auf zahlreiche Gespräche mit Vertrauten Romeros. Als zentrale Elemente seiner Spiritualität zeigen sich das Gebet, die Wahrnehmung und Deutung der Zeichen der Zeit sowie die Option für die Armen. Martin Maier schlägt darüber hinaus eine Brücke zu uns und zeigt, wie die von Romero gelebte Verbindung von Mystik und Politik heute eine Quelle der Inspiration darstellt, sich für eine gerechtere und menschlichere Welt einzusetzen.

Der Autor

Martin Maier, geb. 1960 in Messkirch; 1979 Eintritt in den Jesuitenorden; 1989 bis 1991 Aufenthalt in El Salvador und Pfarrer in einer Landgemeinde; 1993 Dr. theol. mit einer Arbeit über die Theologie von Ignacio Ellacuría und Jon Sobrino; seit 1998 Chefredakteur der Stimmen der Zeit; Gastdozent an der Zentralamerikanischen Universität in San Salvador. Publikationen über die Theologie der Befreiung und weltkirchliche Fragen.

Martin Maier

Oscar Romero

Meister der Spiritualität

Herder
Freiburg · Basel · Wien

Gedruckt auf umweltfreundlichem,
chlorfrei gebleichtem Papier

Originalausgabe

Alle Rechte vorbehalten – Printed in Germany
© Verlag Herder, Freiburg im Breisgau 2001
Satz: DTP-Studio Helmut Quilitz, Denzlingen
Druck und Bindung: fgb · freiburger graphische betriebe 2001
Umschlaggestaltung und Konzeption:
R·M·E München / Roland Eschlbeck, Liana Tuchel
Umschlagmotiv: © KNA
ISBN: 3-451-5072-2

Inhalt

Vorwort 9

I. LEBEN UND WIRKEN 15
Eine alte Geschichte 15
Der Weg bis zur Priesterweihe: 1917–1943 16
   El Salvador: Eine Geschichte von Ungerechtigkeit und
   Repression 17
   „Der Junge mit der Flöte" 19
   Erste geistliche Schulung 21
   Die römischen Studienjahre 21
Seelsorger in San Miguel: 1944–1967 23
   Arbeit bis zur Erschöpfung 23
   Freund der Armen und der Reichen 24
   Spannungen mit den anderen Priestern 25
Erste Etappe in San Salvador: 1967–1974 26
   Die historische Bischofsversammlung von Medellín . . 26
   Weihbischof in San Salvador 28
   Im Kampf gegen eine Politisierung der Kirche 29
Bischof von Santiago de María: 1974–1977 33
   Lebendiger Kontakt mit den Armen 34
   Wachsende Repression und die Antwort der Kirche . . 35
Erzbischof von San Salvador: 1977–1980 37
   Ein frostiger Empfang 37
   Das Experiment von Aguilares 39

„Es ist gefährlich, Christ zu sein" 41
„Rutilio hat mir die Augen geöffnet" 42
Die Regierung gegen Kirche und Volk 44
Das „Wunder Romero" 46
Mann des Dialogs 47
Ein typischer Arbeitstag 50
Von der Wohltätigkeit zu den Strukturen 51
Prophetische Anprangerung der Götzen 53
Kirchenverfolgung 55
Innerkirchliche Spaltung 59
Schwierige Beziehungen mit Rom 64
Der Putsch vom 15. Oktober 1979 68
Ehrendoktorat in Löwen 71
Der Brief an Präsident Carter 73
Die letzten Exerzitien 74
Die letzte Sonntagspredigt 78
„Wenn das Weizenkorn nicht in die Erde fällt…" . . . 80

II. WERK UND ZEUGNIS 83

Romeros „Werk" 84
   Die Einheit von Verkündigung und Person 84
   Romeros Predigten 86
   „Das Wort Gottes muss in der Realität Fleisch werden" 89
   Die Ereignisse der Woche 90
   Ein unerklärbarer Rest 92
Bekehrung oder Entwicklung? 93
   Bekehrung als Prozess 94
   Ein neuer Mensch 97
   Rückkehr zu den Wurzeln 98
Das neue Sehen 102
   Das neue Sehen in der Bibel 102

Augen der Barmherzigkeit	104
Das neue Sehen bei Romero	106
Romeros Bekehrung im Licht des Konzils und Medellíns	109
Die vorkonziliare Trennung zwischen Gott und Welt	109
Die Kirche im Dienst an den Menschen	111
Zeichen der Zeit	113
Der Schrei der Armen als Anruf Gottes	115
Einheit der Geschichte	117
Kirche und Politik	119
Strukturelle Sünde	123
Gott und Christus in den Armen	124
Option für die Armen	125
Der Gott des Lebens und die Götzen des Todes	128
„Das Volk ist mein Prophet"	130
Gekreuzigtes Volk	132
Romeros Spiritualität	139
Ein Mann des Gebets	140
Zugleich auf Gott und die eigenen Fähigkeiten vertrauen	142
Hoffnung wider alle Hoffnung	146

III. ROMEROS AKTUALITÄT 149

Auferstehung im Volk von El Salvador	149
Zwölf Jahre Bürgerkrieg	150
Der lang ersehnte Frieden	153
Die Hintergründe von Romeros Ermordung	154
Ein moderner Kirchenvater	158
Ein Seligsprechungsverfahren mit Hindernissen	159
Heiligsprechung durch das Volk	161
Kirchlicher Kurswechsel	163
Universale Ausstrahlung	164
Romero als Inspirationsquelle für die Theologie	167

Romero im Zeitalter der Globalisierung 169
   Solidarität im Geist Romeros 170
   Globalisierung der Solidarität 174
   Mystik und Politik 178

Literatur 183
Register 189

Vorwort

Als Erzbischof Oscar Romero am 24. März 1980 am Altar erschossen wurde, war dies sogar der Tagesschau eine Meldung wert. Ich stand damals ganz am Anfang meines Weges im Jesuitenorden und wusste kaum etwas über El Salvador und die Hintergründe des Verbrechens. Doch die Umstände dieses Todes während der Feier der heiligen Messe beeindruckten mich tief. „Ahme nach, was du vollziehst", heißt es in der Liturgie der Priesterweihe. Romero ahmte nach, was er vollzog: die Erinnerung an die Lebenshingabe Jesu aus Liebe. Das Blut, das Romero am Altar vergossen hat, ließ den realen Hintergrund der Messfeier lebendig werden: „Mein Leib, der für euch hingegeben wird – mein Blut, das für euch vergossen wird."

Die Geschichte Oscar Romeros und El Salvadors begegnete mir vier Jahre später, als ich ein zweijähriges Praktikum bei der Zeitschrift „Orientierung" in Zürich machte. Der damalige Chefredakteur Ludwig Kaufmann schrieb gerade an seinem Buch „Damit wir morgen Christ sein können", in dem er drei „Vorläufer im Glauben" porträtierte. Neben Johannes XXIII. und Charles de Foucauld war Oscar Romero für ihn einer dieser Vorläufer. Ludwig Kaufmann bat mich, die Druckfahnen des Buches zu lesen. Vor allem seine Darstellung der Bekehrung Romeros von einem ängstlichen und konservativen Kirchenmann zum prophetischen Verteidiger der Armen faszinierte mich. Kaufmann berief sich dabei besonders auf den Befreiungstheologen Jon Sobrino, einen Freund und Berater Romeros. Sobrino, der auch mit Ludwig Kaufmann befreundet war, kam zu Besuch nach Zürich. Draußen schneite es, als ich mit ihm über die Möglichkeit sprach, in El Salvador Theologie zu studieren. „Herzlich willkommen", sagte Sobrino.

Am 1. September 1989 hörte ich dieselben Worte von Sobrino wieder, jetzt aber in San Salvador. Allerdings hatte er auch eine kleine Enttäuschung für mich parat: Ich konnte nicht, wie ursprünglich vorgesehen, mit ihm, Ignacio Ellacuría, und den anderen Jesuiten in der Gemeinschaft auf dem Campus der Zentralamerikanischen Universität wohnen. Die Gästezimmer waren gerade alle belegt. Dafür kam ich in einem nahe gelegenen Haus mit studierenden Jesuiten unter. Ich war im Zusammenhang mit meiner theologischen Doktorarbeit über die Theologie Jon Sobrinos und Ignacio Ellacurías nach El Salvador gekommen. Ich hoffte, mit Sobrino und Ellacuría zusammenarbeiten zu können. Sobrino ermutigte mich von Anfang an, nicht nur in den Büchern der Bibliothek, sondern auch im „Buch der Wirklichkeit" zu lesen. Dies sei für seine Theologie die wichtigste Quelle.

Ich war sehr glücklich, im Land von Erzbischof Oscar Romero zu sein. Die ersten Wochen waren für mich wie eine fortwährende Wallfahrt. Ich besuchte die wichtigen Orte seines Lebens und Wirkens: die noch unfertige Kathedrale, in deren rechtem Seitenschiff sich damals das Grab Romeros befand, die Kapelle des Krankenhauses, in der er ermordet wurde und wo er auch seine bescheidene Wohnung hatte, das Grab von Rutilio Grande, dessen Ermordung entscheidend für die Wandlung Romeros war. Ebenso wichtig waren für mich die lebendigen Begegnungen mit den Armen El Salvadors in einer Pfarrei auf dem Land mit Namen Jayaque. Hier arbeitete ein Team von Jesuiten und Ordensfrauen mit Ignacio Martín-Baró als Pfarrer. Martín-Baró war Sozialpsychologe und Vizerektor der Zentralamerikanischen Universität. Padre Nacho, wie er liebevoll genannt wurde, verbrachte die Wochenenden in Jayaque, feierte mit den Gemeinden die heilige Messe und begleitete die Campesinos auf ihrem schwierigen Weg zwischen Unterdrückung und Hoffnung. Er lud mich ein, in diesem Team mitzuarbeiten.

Mit großer Herzlichkeit wurde ich empfangen und in die Gemeinschaft aufgenommen. Bei meiner ersten Messe in einer der Basisgemeinden sangen sie für mich ein Lied über Erzbischof Romero, in dem es heißt: „Den 24. März wird die Kirche nie vergessen; ein weiteres Mal vergossen sie das Blut desjenigen, der die Wahrheit sagte." Wie aktuell, ja brisant wurden in diesen Verhältnissen plötzlich die Schriftlesungen: „Hört dieses Wort, die ihr die Schwachen verfolgt und die Armen unterdrückt…" „Es war einmal ein reicher Mann, der sich in Purpur und feines Leinen kleidete und Tag für Tag herrlich und in Freuden lebte…" Im Predigtgespräch stellten sie selbst die Verbindung zu ihrer Situation her: Die Wurzel ihres Elends ist Ungerechtigkeit und Ausbeutung. Der Gott dieser Worte ist ein Gott des Lebens, der Partei ergreift für die Unterdrückten und ihr Recht auf ein menschenwürdiges Leben verteidigt.

Schnell fand ich zu einer guten Zusammenarbeit mit Jon Sobrino und Ignacio Ellacuría, dem Rektor der Universität, dessen politische Analysen in El Salvador und auch international sehr beachtet wurden. Mit vorsichtigem Optimismus beurteilte er die Friedensgespräche, die damals zwischen der ultrarechten Regierung und der Guerilla angeknüpft wurden. Doch bald zogen wieder dunkle Wolken über dem politischen Horizont auf, die sich in einer landesweiten Offensive der Guerilla am 11. November entluden. Die Führer der Armee beschlossen, diejenigen umzubringen, die sie als die „Köpfe der Subversion" ansahen. Eine Einheit des speziell in den USA trainierten Elitebataillons Atlacatl wurde in die Zentralamerikanische Universität geschickt mit dem Befehl, Ignacio Ellacuría zu töten und keine Zeugen übrig zu lassen.

Der Anblick des Grauens, wie er sich am Morgen des 16. November im Garten vor dem Haus der Jesuiten bot, bleibt unauslöschlich in mein Gedächtnis eingegraben. Mit zertrümmerten Köpfen lagen hier Ignacio Ellacuría, Segundo Montes, Ignacio Martín-Baró und Amando López. Die Leichen von Juan Ramón Moreno und Joaquín López fand man im Haus. Die Köchin Elba Ramos und ihre Tochter Celina mussten sterben, weil sie in dieser Nacht in der Wohnung der Jesuiten Zuflucht vor den Gefechten in den Straßen gesucht hatten.

Prophetisch waren die Worte des herbeigeeilten Erzbischofs Arturo Rivera y Damas über die Täter: „Es sind diejenigen, die Monseñor Romero ermordet haben und denen 70 000 Tote nicht genug sind." Ignacio Ellacuría hatte die Arbeit der Zentralamerikanischen Universität ausdrücklich in die Tradition Romeros gestellt. Hier sollte wissenschaftlich das getan werden, was Romero als Bischof getan hatte: Stimme derer zu sein, die in El Salvador keine Stimme haben. So trug das theologische Zentrum der Universität den Namen Monseñor Romeros. Die Räume dieses Zentrums und die Bibliothek wurden in jener Novembernacht von den Soldaten verwüstet. Dabei stieß ein Soldat auf ein Bild Romeros, auf dem der Satz aus einem seiner letzten Interviews zu lesen war: „Mein Blut soll Samen für die Befreiung und Zeichen dafür sein, dass die Hoffnung bald Wirklichkeit werden wird." Der Soldat gab einen gezielten Schuss auf dieses Bild ab. Heute ist es in einer Gedenkstätte der Universität für die Märtyrer El Salvadors mit dem Einschussloch an der Stelle des Herzens zu sehen.

Als Nachfolger von Ignacio Martín-Baró in der Pfarrei von Jayaque habe ich schwierige und zugleich sehr schöne Erfahrungen gemacht. Bischof Pedro Casaldáliga brachte es bei einer Begegnung in El Salvador so auf den Punkt: „Es ist eine Gnade, an der Stelle eines Märtyrers stehen zu dürfen." Die Menschen von Jayaque haben durch ihr Glaubenszeugnis inmitten von Drohungen und Einschüchterungen meinen Glauben gestärkt. In Abwandlung eines Wortes von Romero kann ich heute selber sagen: „Ich habe Gott tiefer kennen gelernt, weil ich das Volk von Monseñor Romero kennen gelernt habe."

Auf diesem persönlichen Hintergrund steht dieses Buch über Oscar Romero als Meister der Spiritualität. Ich versuche, dem Zeugnis und dem Geheimnis dieses Menschen nachzugehen, der, wie Ignacio Ellacuría es ausdrückte, „innerhalb von drei Jahren aus der Namenlosigkeit und Bedeutungslosigkeit zu öffentlicher Bekanntheit und größter gesellschaftlicher Wirksamkeit gelangte". Ellacuría hat auch die Richtung gewiesen, in der eine Antwort zu suchen ist: „Der Heilige Geist hat sich seiner bemächtigt und all die menschlichen Schemata und Perspektiven, einschließlich seiner eigenen, durchbrochen."

Eine wichtige Quelle, aus der ich für dieses Buch schöpfe, sind meine Erfahrungen in El Salvador. Dazu gehören viele Gespräche mit Menschen, die Oscar Romero nahe standen: seine Schwester Zaída Romero, seine enge Beraterin Maria Julía Hernández, sein Generalvikar Ricardo Urioste, Weihbischof Gregorio Rosa Chávez, Jon Sobrino und viele weitere Freunde und Freundinnen in El Salvador, die mir ihre Erinnerungen an Romero anvertrauten. Eine weitere Quelle sind die über 200 Predigten Romeros, die in sieben Bänden auf rund 2300 Seiten veröffentlicht wurden. Seine inneren Prozesse und seine geistliche Suche spiegeln sich in seinen Tagebuchnotizen und seinen Exerzitienaufzeichnungen. Schließlich stütze ich mich auf die maßgeblichen Biographien von James Brockman und Jesús Delgado sowie auf das Florilegium von vielen persönlichen Erinnerungen, die María López Vigil zu einem „Porträt aus 1000 Bildern" zusammengefügt hat. Weitere Literaturangaben finden sich am Ende dieses Buchs.

In einem ersten Teil zeichne ich den Lebensweg Romeros nach, wobei die besondere Aufmerksamkeit seinen Entwicklungen, seiner Wandlung, seiner Bekehrung gilt. Im zweiten Teil versuche ich, den Wurzeln von Romeros Spiritualität nachzuspüren. Im dritten Teil werde ich seiner erstaunlichen Aktualität sowohl in El Salvador als auch weltweit nachgehen. Bis heute inspiriert er viele innerhalb und außerhalb der Kirche, sich für eine gerechtere und menschlichere Welt einzusetzen.

I
Leben und Wirken

Eine alte Geschichte

Oscar Romeros Tod war ebenso angekündigt und voraussehbar wie der seines Herrn und Meisters Jesus von Nazaret. In ihrem Leben gibt es überraschend viele Parallelen. Beide sind sie in armen Verhältnissen in der Provinz eines kleinen, unbedeutenden Landes geboren. Beide lebten sie aus einer tiefen Verbundenheit mit Gott und beteten bevorzugt in der Nacht. Der erste Beruf, den sie erlernten, war der des Zimmermanns. Für beide leitete die Ermordung eines guten Freundes eine entscheidende Wende in ihrem Leben ein. Durch ihre Predigten wurden sie zu öffentlich bekannten Personen. Sie verkündeten die Güte und die Menschenfreundlichkeit Gottes. Und sie kündigten das Kommen des Reiches Gottes an als neue, geschwisterliche Ordnung unter den Menschen.

Beide ergriffen sie Partei für die Armen und die gesellschaftlich Diskriminierten. Dabei wurde es für sie zu einer beglückenden Schlüsselerfahrung, dass sich Gott ihnen gerade in denen zeigte, die nach den gängigen Maßstäben nichts zählen. In der Tradition der Propheten Israels klagten sie Ungerechtigkeit und Korruption an. Dabei machten sie auch vor den religiösen Führern nicht Halt. Doch wie die Propheten waren sie voller Hoffnung auf eine bessere Zukunft. Beide wurden sie ein „Fall" für die Hüter der religiösen Rechtgläubigkeit. Man warf ihnen vor, dass sie sich in „schlechter Gesellschaft" bewegten. Von beiden wurde gesagt, sie seien verrückt und vom Teufel besessen. Sie wurden zu einem Stein des Anstoßes.

Mit der Zeit verbündeten sich alle maßgeblichen gesellschaftlichen Gruppen gegen sie. Man bezichtigte sie, Aufrührer zu sein und die öffentliche Ordnung zu stören. Beide sind sie auch in eine Konfrontation mit den imperialistischen Großmächten ihrer Zeit geraten. Beiden wurden gerade etwa drei Jahre Zeit gelassen für ihr Wirken in der größeren Öffentlichkeit.

Ihre einzige Waffe war das Wort. Beide glaubten sie daran, dass das Wort Gottes die Wirklichkeit verändern kann. Der Gewalt ihrer Gegner begegneten sie mit der Gewaltlosigkeit der Liebe. Sie haben ihren Tod bewusst in Kauf genommen, und doch blieb ihnen Todesangst nicht erspart. Ihre Ermordung wurde kalt berechnet. Beide haben sie ihren Henkern vergeben. Nach menschlichem Ermessen sind sie gescheitert. Trotzdem sind sie mit dem Glauben in den Tod gegangen, dass ihre Lebenshingabe nicht umsonst sein würde. Beide vertrauten darauf, dass sich in ihrem Sterben das Naturgesetz von Tod und neuem Leben erfüllen würde, so wie beim Weizenkorn, das in die Erde fällt und stirbt, um dann reiche Frucht zu bringen.

Die Geschichte Oscar Romeros ist eine sehr alte. Es ist die Geschichte Jesu.

Der Weg bis zur Priesterweihe: 1917–1943

Geboren wurde Oscar Arnulfo Romero am 15. August 1917 als das zweite von acht Kindern in dem Provinzstädtchen Ciudad Barrios, das sich in der Hügellandschaft im Nordosten El Salvadors, nicht weit von der Grenze zu Honduras befindet. In Ciudad Barrios lebten damals etwa 1000 Menschen. Der Vater Santos

Romero und die Mutter Guadalupe de Jesús, geb. Galdámez, waren beide Mestizen, in denen sich das Blut der indianischen Ureinwohner mit dem der Conquistadoren vermischt hatte. Es waren zwei spanische Brüder mit Namen de Alvarado, die das Gebiet des heutigen El Salvador 1524/25 eroberten. 1542 wurde es in die Capitanía General de Guatemala eingegliedert. 1821 erlangte das Land die Unabhängigkeit von Spanien, und 1824 wurde die erste salvadorianische Landesverfassung verabschiedet.

El Salvador:
Eine Geschichte von Ungerechtigkeit und Repression

El Salvador ist etwa so groß wie das Bundesland Hessen und damit das flächenmäßig kleinste Land Zentralamerikas. Es hat gemeinsame Grenzen mit Guatemala, Honduras und Nicaragua. Als Romero auf die Welt kam, zählte es knapp 1,3 Millionen Einwohner. Bis zu seinem Tod 1980 vervierfachte sich die Bevölkerung. Damit ist El Salvador das am dichtesten besiedelte Land ganz Lateinamerikas. Lange lebten die Menschen fast ausschließlich von der Landwirtschaft. Im 19. Jahrhundert wurde neben Indigo, Zuckerrohr und Baumwolle zunehmend Kaffee angebaut. Die ungleiche Landverteilung hat ihre Wurzeln zwar schon in der Conquista. Doch als mit dem Kaffee-Export viel Geld zu verdienen war, setzte eine zusätzliche Konzentration des Grundbesitzes in den Händen einiger weniger ein. Sprichwörtlich wurden die „Vierzehn Familien", die das Land beherrschten. Die große Mehrheit der Bevölkerung hatte dagegen keinen Grundbesitz und bestenfalls schlecht bezahlte Arbeit in den Wochen der Ernte.

In der hohen Bevölkerungsdichte und dieser extrem ungleichen Landverteilung ist die Geschichte von Ungerechtigkeit und

Repression grundgelegt, die El Salvador während Oscar Romeros Leben zerreißt. Im Kontrast dazu stehen die natürlichen Schönheiten des Landes: Mit seinen Vulkanen und Seen, seinen zum Teil noch unberührten Pazifikstränden und seiner üppigen Vegetation könnte es ein kleines tropisches Paradies sein. Romero hat sein Land geliebt. So sagte er bei seinen Auslandsreisen als Bischof wiederholt, das Schönste daran sei, nach Hause zurückzukehren.

Die Umgebung von Ciudad Barrios eignete sich mit ihren vulkanischen Böden und dem angenehm frischen Klima besonders für den Kaffeeanbau. Die Mutter Romeros hatte eine kleine Kaffeeplantage in die Ehe mitgebracht. Trotzdem zählte die Familie Romero zu den Armen. Als Erzbischof wird er später über seine Herkunft sagen: „Ich bin in einer sehr armen Familie geboren. Ich habe Hunger gelitten, ich weiß, was es heißt, von klein auf zu arbeiten." Besonders kritisch wurde die Situation in der Zeit der Weltwirtschaftskrise im Jahr 1929, von deren Folgen auch El Salvador nicht verschont blieb. Die Konsequenzen bekam vor allem die Landbevölkerung zu spüren. In einem Akt der Verzweiflung setzte sich 1932 der von kommunistischen Ideen inspirierte Farabundo Martí an die Spitze eines Bauernaufstands, den die Armee unter General Maximiliano Hernández Martínez mit US-amerikanischer Hilfe blutig niederschlug: In der berüchtigten „Matanza" (Schlächterei) gab es innerhalb weniger Wochen 30 000 Tote. Das Trauma dieses Massenmordes wirkte in der Bevölkerung El Salvadors lange nach. Bis 1979 wurde das Land von Militärdiktaturen regiert, die eine notdürftige demokratische Fassade aufbauten.

Doch in den 60er Jahren begann es im Volk von El Salvador zu gären. Die Menschen fanden sich mit den extremen sozialen Gegensätzen und der ungleichen Landverteilung nicht mehr einfach ab. War doch inzwischen nahezu die Hälfte des kultivierbaren Landes im Besitz von gerade 1,5 Prozent der Bevölkerung, während die Campesinos nicht einmal mehr einen kleinen Acker für die traditionelle „Milpa", den Maisanbau, hatten. Es bildeten sich neue soziale Bewegungen, Gewerkschaften und linksorientierte Parteien. Doch diese Bewegungen wurden von der Oligarchie pauschal als „kommunistisch" abgestempelt und bekämpft. Die katholische Kirche mit dem damaligen Erzbischof Luis Chávez y González unterstützte die landlosen Bauern auf ihrem Weg, sich zu organisieren. In einer lange geplanten, aber von der Oligarchie systematisch boykottierten Landreform spielte die christliche Bauern- und Landarbeitergewerkschaft FECCAS-UTC (Federación Cristiana de Campesinos Salvadoreños-Unión de Trabajadores del Campo) eine wichtige Rolle. Kein Wunder, dass die Herrschenden in den sozial engagierten, christlichen Gruppen zunehmend eine Bedrohung ihrer Interessen sahen: in den 70er Jahren nahm eine der blutigsten Christenverfolgungen der jüngeren Kirchengeschichte ihren Anfang.

„Der Junge mit der Flöte"

Dies ist in groben Strichen gezeichnet der Hintergrund, auf dem sich Oscar Romeros Leben abspielte. Mit Zaída Romero, der um zwei Jahre jüngeren Schwester Oscars, konnte ich ein langes Gespräch über seine Kindheit führen. Sie erzählte: „Mein Vater war Telegrafist. Meine Mutter kümmerte sich um die Post. Mein Bruder Oscar war der Briefbote. Er war damals noch sehr klein. Zuerst hat er das Allerheiligste besucht. Von der Kirche ging er dann los und verteilte die Briefe in den Häusern." Auch andere in Ciudad Barrios erinnern sich an die auffallende Frömmigkeit schon des Kindes.

Vom Vater lernte Oscar Flöte spielen und Schreibmaschine schreiben. Man nannte ihn „den Jungen mit der Flöte". Zeit seines Lebens blieb er ein Musikliebhaber. Später lernte er, Harmonium und Klavier zu spielen. Auch als Erzbischof hörte er gerne zur Entspannung klassische Musik oder Musik auf der Marimba – eine für Zentralamerika typische Art Xylophon. Er hatte auch Freude am Singen. Zaída Romero erinnert sich an das Lied „El amigo – Der Freund" als sein Lieblingslied. Dieses Lied wurde für ihn später bei seinem Abschied aus San Miguel gesungen. Eine Gruppe junger Leute wird es ein letztes Mal für ihn einen Tag vor seiner Ermordung singen.

Eine schwere Krankheit im Alter von vier Jahren bremste die Entwicklung des Kindes. An physischer Kraft und Ausdauer war er den Gleichaltrigen unterlegen. Er scheint ein schüchterner und eher kontaktarmer Junge gewesen zu sein. Die Gemeinde von Ciudad Barrios war so arm, dass in der öffentlichen Schule nur die ersten drei Klassen unterrichtet werden konnten. Oscar erhielt drei weitere Jahre privaten Schulunterricht. Mit zwölf Jahren begann er eine Schreinerlehre. Damals erwachte in ihm der Wunsch, Priester zu werden. Die Eltern scheinen nicht begeistert darüber gewesen zu sein. Unterstützung fand er aber beim Bürgermeister Alfonso Leiva und bei Pater Benito Calvo, einem Geistlichen, der hin und wieder nach Ciudad Barrios kam. So ging er mit 13 Jahren in das von Claretinerpatres geleitete Kleine Seminar in der etwa 50 Kilometer entfernten Provinzhauptstadt San Miguel. Für die Familie war es schwierig, das nötige Geld dafür aufzubringen. Ein Teil des Hauses musste deswegen vermietet werden.

Erste geistliche Schulung

Schon als Kind liebte es Oscar Romero, in der Nacht zu beten. Auch in der Kapelle des Kleinen Seminars kniete er häufig in der Dunkelheit vor dem Tabernakel. Die Gewohnheit des nächtlichen Betens begleitete ihn sein ganzes Leben. Romero bewahrte gute und dankbare Erinnerungen an die Jahre im Kleinen Seminar. Hier war der Tagesablauf durch Schulunterricht, geistliche Unterweisungen und gemeinsame Erholungszeiten geregelt. Zur geistlichen Schulung gehörten die tägliche Messe, regelmäßige Gebetszeiten, die geistliche Lesung in der „Nachfolge Christi" des Thomas von Kempen und Bußübungen etwa mit einer Geißel, was auf die heutige Mentalität befremdlich wirkt.

1937 ging Romero in das überdiözesane Priesterseminar in der Hauptstadt San Salvador, das von Jesuiten geleitet wurde. Die Priesterausbildung war damals noch auf der ganzen Welt nach denselben Prinzipien organisiert und baute auf denselben lateinischen Lehrbüchern auf. Sieben Monate später wurde er zusammen mit seinem Freund Rafael Valladares ausgewählt, in Rom weiterzustudieren. Warum gerade Romero und Valladares? Unter den Seminaristen war ein Wettbewerb veranstaltet worden, wer die beste Lobrede auf den Papst halten konnte. Romeros rhetorisches Talent scheint damals schon beachtlich gewesen zu sein.

Die römischen Studienjahre

In Rom wohnten sie im Lateinamerikanischen Kolleg Pio Latino und studierten an der Universität Gregoriana. Beides sind Institutionen der Jesuiten, die damit sowohl geistlich wie auch theologisch prägend auf Romero wirkten. Hier lernte Romero die Exerzitien des heiligen Ignatius von Loyola kennen – Tage intensiven Betens und Schweigens mit dem Ziel, das Leben nach dem Willen Gottes auszurichten. Die Spiritualität der Exerzitien wurde zur wichtigsten geistlichen Quelle Romeros. Regelmäßig zog er sich zu Exerzitien zurück, zum letzten Mal wenige Wochen vor seinem Tod. Anfang der 50er Jahre machte er sogar die so genannten großen, 30 Tage dauernden Exerzitien unter der Anleitung des Jesuitenpaters Miguel Elizondo.

In seinem Theologiestudium legte er den Akzent auf die geistliche Theologie. Er beschäftigte sich mit Augustinus, Johannes vom Kreuz und Teresa von Avila. Besonderen Einfluss übte die eucharistische Frömmigkeit des irischen Benediktinermönchs Columba Marmion (1858–1923) auf ihn aus. Er begann eine Doktorarbeit über den spanischen Jesuiten Luis de la Puente (1554–1624), der bis ins 20. Jahrhundert eine große Ausstrahlung als geistlicher Schriftsteller hatte. Diese Arbeit konnte er aber nicht zu Ende bringen, da ihn sein Bischof im August 1943 zusammen mit Valladares aus dem vom Zweiten Weltkrieg erschütterten Rom nach El Salvador zurückrief. Romero deponierte seine römischen Studienunterlagen später bei seiner Familie in Ciudad Barrios. Doch der Koffer ging verloren, als das Elternhaus verkauft wurde.

Die erste schriftliche Quelle Romeros stammt aus dieser Zeit. Im März 1940 schrieb er in der Hauszeitung des Lateinamerikanischen Kollegs einen Text über das Priestertum. Priestersein beschreibt er hier als „ein Gekreuzigter mit Christus zu sein, der Heil stiftet, und zusammen mit Christus ein Auferstandener zu sein, der Auferstehung und Leben weitergibt". Interessant ist, dass Romero dabei besonderen Wert auf die Armut des Priesters legt: „Der Priester muss arm sein, auch wenn er kein Armutsgelübde abgelegt hat; das ist eine Forderung der pastoralen Liebe." Diese Ideale bewegten Romero, als er am 4. April 1942 in Rom die Priesterweihe empfing.

Seelsorger in San Miguel: 1944–1967

Nach einer abenteuerlichen Reise trafen Romero und Valladares im Dezember 1943 wieder in El Salvador ein. Nachdem man sie schon für verschollen gehalten hatte, wurden sie in San Miguel überschwänglich als „Helden des Krieges" und als „Märtyrerpriester" empfangen. Am 11. Januar 1944 feierte Oscar Romero seine erste heilige Messe in Ciudad Barrios. Seine Schwester Zaída erinnert sich, wie abgemagert er damals gewesen sei. Sein wichtigster Wunsch für seine Primizfeier sei es gewesen, dass die armen Leute aus der ganzen Umgebung gut zu essen bekamen. Truthähne wurden geschlachtet, ein Onkel habe ihm sogar einen Ochsen geschenkt. So sei es ein Riesenfest geworden.

Arbeit bis zur Erschöpfung

Nach einer Zeit der Erholung schickte ihn Bischof Miguel Angel Machado als Pfarrer in das Dorf Anamorós in dem östlichen Bezirk La Unión. Doch Machado scheint schnell die Qualitäten des jungen Priesters erkannt zu haben. Er holte ihn nach San Miguel, machte ihn zu seinem Sekretär, ernannte ihn zum Pfarrer der Gemeinde Santo Domingo und übertrug ihm die Verantwortung für die Kirche San Francisco, wo „Nuestra Señora de la Paz", die „Königin des Friedens" verehrt wurde. Die Förderung der Frömmigkeit um dieses Marienheiligtum machte sich Romero zu einem besonderen Anliegen. Daneben war er verantwortlich für die Fertigstellung der im Bau befindlichen Kathedrale und für das Kleine Seminar.

Von den verschiedensten geistlichen Gemeinschaften wurde er als Begleiter angefragt. Viele Schwesternkongregationen wählten ihn zu ihrem Beichtvater. Er war zuständig für die diözesane

Wochenzeitung „El Chaparrastique", benannt nach dem Vulkan bei San Miguel. „El Chaparrastique" hieß auch der diözesane Radiosender, in dem täglich Bibelbetrachtungen Romeros übertragen wurden. Schließlich gründete er auch noch eine Gruppe der anonymen Alkoholiker. War Bischof Machado aus der Diözese abwesend, dann vertraute er seinem Sekretär die Leitungsgeschäfte an. Obwohl er von eher schwacher Gesundheit war, arbeitete Romero ohne Pause, manchmal bis zur Erschöpfung.

Freund der Armen und der Reichen

Sein Lebensstil war anspruchslos, ja spartanisch. Er machte ernst mit der Armut des Priesters, wie er sie in Rom als ein Ideal gezeichnet hatte. Gewöhnlich schlief er auf einem Feldbett. Als Frauen einer geistlichen Vereinigung während einer seiner Reisen sein Zimmer neu und aufwendiger einrichteten, verkaufte er die Möbel und verwendete das Geld für Bedürftige seiner Pfarrei. Für die Armen und die Bettler war Padre Romero eine gute Adresse. Er teilte mit ihnen sein Essen und ließ sie auch im Pfarrhaus übernachten. Ein Vertrauter verglich ihn rückblickend in dieser Zeit mit dem heiligen Vinzenz von Paul, hinter dem das Bettelvolk herlief. Dabei galt: „Bei den Reichen holte er die Almosen und gab sie den Armen. So erleichterte er den Armen ihre Probleme und den Reichen ihr Gewissen."

Romero stand damals also nicht nur den Armen, sondern auch den so genannten „Kaffeebaronen" von San Miguel nahe: den Familien, deren Namen in El Salvador bis heute nach viel Geld klingen, wie García Prieto, Bustamante und Estrada. So erinnert sich eine Frau aus der Zeit in San Miguel folgendermaßen an ihn: „Padre Romero – das war ein Freund der Reichen und ein Freund der Armen. Den Reichen sagte er: Liebt die Armen.

Und zu uns Armen sagte er: Liebt Gott, denn er weiß schon, warum er euch den letzten Platz in der Reihe gibt, ihr werdet nämlich den Himmel bekommen." Mit dieser problematischen Vertröstung auf das Jenseits trug die Kirche nicht nur in El Salvador lange zur Rechtfertigung und Verfestigung bestehender Unrechtsverhältnisse bei. Später kritisierte Romero diese Einstellung und distanzierte sich von ihr.

Spannungen mit den anderen Priestern

Sein Biograph Jesús Delgado charakterisiert den Stil Romeros in San Miguel als den eines „traditionellen Priesters". Unter den Laien war er beliebt, von vielen wurde er verehrt. Romero vertrat ein hohes Priesterideal, das er selbst auch zu leben versuchte. Doch er zeigte sich intolerant gegenüber seinen Mitbrüdern. So nahm er beispielsweise Anstoß daran, dass einige der Priester nicht mehr in Soutane gingen. Dies führte zu Distanz und Spannungen. Kaum einer wünschte sich Romero zum Freund. Erst später als Bischof lernte er, auch liebevoll mit den Schwächen seiner Priester umzugehen.

1967 stand die Ernennung eines Weihbischofs mit dem Recht der Nachfolge von Bischof Machado an. Viele rechneten mit Romero als neuem Bischof. Doch ernannt wurde Lawrence Graziano, ein aus den USA stammender Franziskaner. Romero wurde aufgrund der Spannungen mit dem Rest des Klerus in die Hauptstadt San Salvador „wegbefördert". Man ernannte ihn zum Sekretär der Bischofskonferenz. Zu seinem 25. Priesterjubiläum wurde ihm der Titel eines Prälaten verliehen. Von jetzt an hieß er „Monseñor Romero". Doch der Abschied von San Miguel fiel ihm schwer. So schrieb er am 2. September 1967 in der letzten von ihm herausgegebenen Nummer von El Chaparrastique:

„Gehorsam im Dienst der Kirche muss ich nach San Salvador ziehen, von wo aus ich San Miguel weiterhin lieben werde und alles Gute, das mir möglich ist, für die Stadt tun möchte."

Erste Etappe in San Salvador: 1967–1974

Romero wohnte in San Salvador im Priesterseminar San José de la Montaña, das auch das Sekretariat der Bischofskonferenz beherbergte. Das Seminar wurde von Jesuiten geleitet. Dort lernte er Pater Rutilio Grande kennen, mit dem er eine besondere Freundschaft schloss. Der Kontakt mit den übrigen Jesuiten des Seminars war nicht sehr intensiv. Romero musste seinen Weggang aus San Miguel verarbeiten; in seiner Neigung zum Perfektionismus widmete er sich voll und ganz seiner neuen Aufgabe. Bald wurde er auch zum Sekretär des Bischöflichen Sekretariats von Zentralamerika und Panama (SEDAC) ernannt. Der Sitz dieses Sekretariats in Guatemala bedingte häufigere Reisen in das Nachbarland.

Die historische Bischofsversammlung von Medellín

In dieser doppelten Sekretärsfunktion war Romero damals mit der Vorbereitung der Zweiten Generalversammlung des Lateinamerikanischen Episkopates beschäftigt, die im Oktober 1968 im kolumbianischen Medellín stattfand. Die Idee einer solchen Versammlung war schon am Ende des Zweiten Vatikanischen Konzils aufgekommen, wo die lateinamerikanischen Bischöfe noch weitgehend als die „Kirche des Schweigens" wahrgenommen worden waren. Unter dem Thema „Die Kirche in der gegenwärtigen Umwandlung Lateinamerikas im Licht des Konzils" sollten in Medellín die Neuorientierungen des Konzils für die lateinamerikanische Situation umgesetzt werden. Dabei erkannten die Bischöfe das zum Himmel schreiende Elend der Mehrheit der Menschen Lateinamerikas und deren Sehnsucht nach Befreiung als die wichtigste Herausforderung. Wenn sie die Sozialkritik der Propheten im Alten Testament und die Vorliebe Jesu für die Armen ernst nahmen, dann mussten sie sich selber auch auf die Seite der Armen stellen. Diese Grundentscheidung, die später ihren Ausdruck in der „vorrangigen Option für die Armen" fand, vollzogen die lateinamerikanischen Bischöfe in Medellín.

Damit wurde eine historische Wende in der Kirchengeschichte Lateinamerikas eingeleitet. Jahrhundertelang war die Kirche in Lateinamerika – von wenigen rühmlichen Ausnahmen abgesehen – in einem Bündnis mit den Mächtigen und den Reichen. Mit den Dokumenten von Medellín kündigte sie dieses Bündnis auf. Das alarmierte sowohl die lateinamerikanischen Oligarchien als auch die Regierung der Vereinigten Staaten. Damit war ein Konflikt programmiert. Gott in einen Zusammenhang mit den politischen und wirtschaftlichen Strukturen zu bringen wurde als Marxismus und Kommunismus eingeschätzt.

Oscar Romero gehörte zu denen, die sich lange schwer taten mit den Neuorientierungen von Medellín. Er spürte, dass, wenn die Kirche die Option für die Armen ernst nahm, Konfrontationen und Konflikte nicht ausbleiben konnten. Davor hatte er Angst. So fing er nervös zu zittern an, wenn die Rede auf die Texte von Medellín kam. Für ihn waren die Dokumente des Konzils von höherer Verbindlichkeit.

Weihbischof in San Salvador

Am 21. April 1970 erhielt er vom Nuntius die Nachricht seiner vorgesehenen Ernennung zum Weihbischof. Er hatte einen Tag Zeit, um darauf zu antworten. Romero besprach sich mit seinen geistlichen Beratern. In seinen persönlichen Aufzeichnungen findet sich am darauf folgenden Tag der prophetische Satz über sein Verständnis des Bischofsamtes: „Der gute Hirte gibt sein Leben für die Schafe."

Zur Vorbereitung auf die Bischofsweihe zog er sich zu Exerzitien zurück. In den schriftlichen Notizen aus diesen Tagen der inneren Einkehr tauchen zwei wichtige Schlüsselworte auf: Zeichen der Zeit und Dialog. Wörtlich heißt es: „Die geschaffenen Dinge bilden die Umstände, die Zeichen der Zeit. Im Dialog mit den Bischöfen, Priestern und Laien muss ich entdecken, was Gott will." Romero bezieht sich auf einen grundlegenden Text am Anfang des Exerzitienbuchs, den Ignatius von Loyola mit „Prinzip und Fundament" überschrieben hat. Hier spannt er sozusagen das Koordinatensystem auf, in dem sich die Exerzitien bewegen. Eine Achse zeigt nach oben: Der Mensch ist von Gott und auf ihn hin geschaffen. Die andere, horizontale Achse betrifft die „geschaffenen Dinge", die dem Menschen auf seinem Weg zu Gott helfen sollen.

Diese geschaffenen Dinge identifiziert Romero mit den Zeichen der Zeit, in denen sich die Gegenwart und das Wirken Gottes in der Welt zeigt. Aufmerksam auf die Zeichen der Zeit zu sein heißt für ihn, nach dem Willen Gottes hier und jetzt zu suchen. Interessant ist die Verknüpfung, die Romero zwischen den Zeichen der Zeit und dem zwischenmenschlichen Dialog herstellt. Er erkennt, dass der Wille Gottes sich besonders in einem dialogischen Vorgehen erschließen lässt. In diesen Exerzitien stellt er sein Leben als Bischof unter den besonderen Schutz des Herzens Jesu und wählt als Leitwort „Sentir con la Iglesia" – „eines Sinnes mit der Kirche sein". Auch diese Formulierung stammt aus den ignatianischen Exerzitien.

Das Datum seiner Bischofsweihe legte er in seiner ausgeprägten Marienfrömmigkeit auf den 21. Juni 1970. Denn am 21. jeden Monats gedachte man in El Salvador in einer besonderen Weise der „Königin des Friedens", deren Fest am 21. November gefeiert wurde. Außer den Bischöfen El Salvadors nahmen daran der Nuntius Gerolamo Prigione und aus Guatemala Kardinal Mario Casariego sowie Bischof Luis Manresa teil. Auch der damalige Präsident Fidel Sánchez Hernández und weitere Vertreter der Regierung erwiesen dem neuen Weihbischof ihre Ehre. Das Verhältnis von Staat und Kirche war noch „intakt". Für einen besonderen Glanz der Feier sorgten Romeros reiche Freunde aus San Miguel. Zeremonienmeister war Rutilio Grande. Romero wird daran in seiner Predigt nach der Ermordung Grandes erinnern.

Im Kampf gegen eine Politisierung der Kirche

Einen Tag nach Romeros Bischofsweihe begann ein anderes, für die salvadorianische Kirche bedeutendes Ereignis: die nationale Pastoralwoche, welche die Umsetzung der Beschlüsse des Zweiten Vatikanischen Konzils und der Bischofsversammlung von Medellín auf die Situation El Salvadors zum Ziel hatte. Die Pastoralwoche brachte unterschiedliche Tendenzen, ja Spannungen in der salvadorianischen Kirche ans Tageslicht. Auf der einen Seite standen die Priester und Ordensfrauen, welche die Option für die Armen ernst nahmen und dementsprechend nach neuen Formen der Pastoral suchten. Sie wurden ermutigt und gefördert vom damaligen Erzbischof Luis Chávez y González und seinem Weihbischof Arturo Rivera y Damas. Chávez war schon seit 1938 Erzbischof von San Salvador. Im Anschluss an das Konzil und Medellín prangerte er in seinen Hirtenbriefen die extreme soziale Ungleichheit an und forderte eine gerechtere Verteilung der Reichtümer in El Salvador. Dabei hatte er auch mutig das heiße Eisen einer Agrarreform angepackt.

Dem widersetzten sich auf der anderen Seite die übrigen Bischöfe, die eine Politisierung der Kirche befürchteten. Die Ergebnisse der Pastoralwoche bestätigten die Linie von Erzbischof Chávez. Romero, der an der Pastoralwoche selber teilgenommen hatte, schwankte zwischen den beiden Positionen. Anfangs trug er die Ergebnisse der Beratungen noch mit. Doch als diese in der Bischofskonferenz und auch von Rom her unter Kritik gerieten, schlug er sich auf die andere Seite.

Als die Spannungen in der Kirche El Salvadors zunahmen, wurde Romero immer konservativer. In seinen vier Jahren als Weihbischof nahm er fast nie an den Klerusversammlungen teil. Er war der Ansicht, dass dort nur Kirche und Papst kritisiert würden. Nicht gut waren seine Beziehungen zum zweiten Weihbischof der Erzdiözese, Arturo Rivera y Damas, der entschieden die Linie von Medellín vertrat. Zur Verärgerung nicht weniger Priester erfreute er sich aber bester Verbindungen zum Nuntius.

1971 wurde Romero als Nachfolger von Rutilio Sánchez zum Chefredakteur der diözesanen Wochenzeitung „Orientación" ernannt. Sánchez hatte die Zeitung im Anschluss an Medellín auf einen fortschrittlichen Kurs gebracht. Romero nahm eine Wende um 180 Grad vor und distanzierte sich von den sozial und politisch engagierten Priestern. 1972 zeigte er in einem Beitrag sogar Verständnis für die militärische Besetzung der nationalen Universität und rechtfertigte so zumindest indirekt die damit einhergehende Repression. Landesweites Aufsehen erregte der Leitartikel Romeros vom 27. Mai 1973, in dem er den

Jesuiten vorwarf, auf ihrem Gymnasium San José würden die Schüler marxistisch indoktriniert. Erzbischof Chávez setzte eine Untersuchungskommission ein, die zum Ergebnis kam, dass die Vorwürfe unbegründet waren. Die Jesuiten führten ihrerseits eine Umfrage unter den Eltern ihrer Schüler durch, die ergab, dass mehr als 90 Prozent mit den Unterrichtsinhalten und der Erziehung keine Probleme hatten. Doch Romero beharrte auf seiner Position. Er gehörte damals zu jenen in Lateinamerika, die den Kommunismus als das schlimmste aller Übel ansahen. Und zur Bekämpfung des Kommunismus waren alle Mittel recht.

Ansonsten druckte Romero vor allem Beiträge aus dem „Osservatore Romano" ab. Damit konnte er sicher sein, auf „römischer" Linie zu liegen. Doch das Leserinteresse an „Orientación" ließ deutlich nach und die Auflage sank beträchtlich. Bei seiner Ernennung zum Bischof von Santiago de María im Oktober 1974 hinterließ Romero die Zeitung mit großen Schulden.

Am 18. Mai 1975 wurde Romero zum Konsultor der Päpstlichen Kommission für Lateinamerika ernannt. Für diese Kommission verfasste er im November 1975 ein vertrauliches Memorandum mit dem Titel „Drei Faktoren in der politischen Priesterbewegung in El Salvador". In dessen erstem Abschnitt setzte er sich sehr kritisch mit den Tätigkeiten der Jesuiten in El Salvador auseinander, vor allem mit der Theologie, die an der Zentralamerikanischen Universität gelehrt wurde. Neben der „Politischen Theologie" eines Professors (damit war Ignacio Ellacuría gemeint) empfahl Romero besonders die „neue Christologie" Jon Sobrinos der römischen Aufmerksamkeit. Die römischen Kongregationen reagierten prompt. Sobrino und Ellacuría mussten zum ersten Mal die Orthodoxie ihrer Theologie rechtfertigen.

Im zweiten Abschnitt kritisierte er das interdiözesane Sozialsekretariat und die Kommission „Justitia et Pax", die in seinen

Augen zu regierungskritisch agierten. Im dritten Abschnitt wurde „eine Gruppe von Priestern, Ordensleuten und ‚engagierten Christen' aus allen Diözesen" genannt, die sich politisch betätigten und sich der marxistischen Analyse bedienten. Diese Gruppe hatte sich seinem Urteil nach von der eigentlichen Aufgabe der Kirche entfernt und bewegte sich in einer gefährlichen Nähe zu revolutionären Ideen.

Eine Zusammenfassung von Romeros theologischem und politischem Denken zu dieser Zeit bietet die Predigt, die er am 6. August 1976 gehalten hat. Der 6. August ist das Fest der Verklärung Christi und in El Salvador gleichzeitig das Patronatsfest zu Ehren des göttlichen Erlösers. Zu der Pontifikalmesse in der Kathedrale versammelt sich traditionell alles, was in der Öffentlichkeit Rang und Namen hat. Mit besonderem Bedacht wird der Prediger für diesen Anlass ausgewählt.

Romero sprach in seiner Predigt über Christus als Befreier, aber er warnte davor, die Befreiung nur im rein materiellen Sinn zu verstehen. Unerwähnt ließ er die sozialen Konflikte. Dafür griff er scharf die „so genannten neuen Christologien" an. Ohne dass sein Name genannt wurde, war klar, dass damit Jon Sobrino gemeint war. Sobrino erinnert sich folgendermaßen an diese Predigt: „Ich war bei diesem Gottesdienst am 6. August nicht dabei, aber wenige Stunden nach dem Schluss der Messe brachte mir ein Priester die Tonbandaufnahme der Predigt. Ich hörte sie an und erstarrte. Im ersten Punkt kritisierte Bischof Romero die Christologien, die im Land entwickelt wurden, als rationalistisch, als Christologien, die zur Revolution aufrufen würden und voller Hass seien … Mit anderen Worten: Seine Predigt war eine scharfe Kritik an meiner Christologie." Zu diesem Zeitpunkt deutete noch nichts darauf hin, dass Sobrino schon ein Jahr später einer der engsten theologischen Berater Romeros sein würde.

Bischof von Santiago de María: 1974–1977

Am 15. Oktober 1974 wurde Romero zum Bischof der Diözese Santiago de María ernannt, in der auch sein Geburtsort lag. 1954 gegründet, war dies die jüngste Diözese El Salvadors. Wie er in seinem Abschiedsartikel in „Orientación" schrieb, fasste Romero diese Ernennung als eine Bestätigung Roms seiner bisherigen pastoralen Linie auf. Er distanzierte sich noch einmal demonstrativ vom „offenkundig materialistischen, gewalttätigen und unkontrollierten Verhalten derer, die sich der Grundlagen der Religion genau dazu bedienen wollten, die geistigen Grundlagen der Religion zu zerstören." Dem hielt er entgegen: „Unsererseits halten wir uns lieber an das, was sicher ist, hangen mit Furcht und Zittern dem Felsen Petri an, begeben uns unter den Schutz des kirchlichen Lehramts und heften das Ohr an die Lippen des Papstes, statt wie tollkühne, verwegene Akrobaten mit den Spekulationen dreister Denker und sozialer Bewegungen von zweifelhafter Eingebung daherzukommen." Hier wird deutlich, dass Romeros dezidiert konservative Einstellung mit Ängsten und einem Bedürfnis nach Sicherheit in Verbindung stand.

Doch in den gut zwei Jahren in Santiago de María machte Romero Erfahrungen, die eine Wandlung in ihm einleiteten. Dies belegt ein 1994 veröffentlichtes Buch der Passionistenpatres Zacarías Diez und Juan Macho. Die beiden waren Priester in der Diözese zu der Zeit, als Romero Bischof war. So können sie aus eigenen Erfahrungen und Erinnerungen schreiben. Mit ihrem Buch füllen sie eine Lücke der bisherigen Biographien Romeros. Es waren im Wesentlichen drei Erfahrungen, die einen Wandel in Romero bewirkten: der hautnahe Kontakt mit Armut und Elend, das Massaker von Las Tres Calles und die Probleme um das kirchliche Schulungszentrum Los Naranjos.

Lebendiger Kontakt mit den Armen

Im Unterschied zu seinem Vorgänger suchte Romero den direkten Kontakt mit den Gläubigen seiner Diözese, die mehrheitlich im Elend lebten. Dabei knüpfte er an seine seelsorgliche Arbeit in San Miguel an, bei der die Sakramente im Mittelpunkt standen. Aber es gab eine technische Neuerung: Romero montierte Lautsprecher auf seinen Jeep, fuhr damit in die entlegenen Weiler seiner Diözese, spielte religiöse Musik und brachte so die Leute zusammen, um Beichte zu hören, Kinder zu taufen, Trauungen zu feiern und zu predigen. Allerdings verärgerte er einige Pfarrer, da er die Taufen und Hochzeiten nicht im Register verzeichnete. Doch er zeigte sich jetzt verständnisvoller für die 24 Priester, die ihm als Bischof unterstellt waren. Bei der ersten Versammlung mit seinem Klerus sprach er eine Bitte aus, die aus der Tiefe seines Herzens kam und die er auch später noch oft wiederholen sollte: „Helft mir, klar zu sehen!"

Wenn er die Landgemeinden besuchte, wurde er wieder neu mit dem Elend konfrontiert. So bekennt er rückblickend über seine Erfahrungen in Santiago de María: „Dort stieß ich wieder auf das Elend. Bei den Kindern, die allein schon an dem Wasser sterben, das sie getrunken haben, bei den Campesinos, die sich bei der Ernte zugrunde richten."

Nach und nach wurde ihm die strukturelle Dimension der Armut bewusst. In seiner Diözese befanden sich große Kaffeeplantagen. Zur Erntezeit kamen Kaffeepflücker aus anderen Teilen des Landes, denen die Großgrundbesitzer aber nur einen Hungerlohn für die anstrengende Arbeit bezahlten. Romero tat, was er konnte, um die Not der Erntearbeiter zu mildern. Er öffnete ihnen das Pfarrhaus der Kathedrale und die Büros der Kurie zur Übernachtung. Er organisierte auch eine warme Mahlzeit, wenn sie abends von ihrer anstrengenden Arbeit auf den

Kaffeeplantagen zurückkamen. Aber ihm wurde klar, dass er damit bestenfalls nur die Symptome einer tiefer liegenden Krankheit kurierte. Er begann zu verstehen, dass viele seiner reichen Freunde, die ihn in seinen karitativen Aktivitäten unterstützten, den Arbeitern einen gerechten Lohn verweigerten.

Wachsende Repression und die Antwort der Kirche

Eine andere einschneidende Erfahrung während seiner Zeit in Santiago de María war das Massaker von Las Tres Calles am 21. Juni 1975. Bei einer nächtlichen Razzia wurden sechs Campesinos von Mitgliedern der Nationalgarde gefoltert und ermordet. Alle waren als Katechisten in der Kirche engagiert. Romero besuchte den Ort nach den schrecklichen Vorfällen. Vor allem die jungen Priester der Diözese drängten ihn, dieses Massaker an Unschuldigen öffentlich anzuprangern. Er zog es aber vor, nur einen persönlichen Brief an den damaligen Präsidenten, General Arturo Armando Molina, zu schicken, mit dem er befreundet war.

Eine besondere Herausforderung stellte für Romero das Zentrum Los Naranjos dar. Los Naranjos war im Anschluss an die Bischofsversammlung von Medellín als eine Art kirchliche Volkshochschule zur Evangelisierung und für den Katechismusunterricht gegründet worden. Im Geist von Medellín wurde hier eine Verbindung von Evangelisierung und politischer Bewusstseinsbildung praktiziert, die auf soziale Veränderungen zielte. So war es sicher kein Zufall, dass die sechs ermordeten Campesinos von Las Tres Calles alle in Los Naranjos geschult worden waren. Sowohl die Regierung als auch der Nuntius hatten Romero nahe gelegt, dieses Zentrum zu schließen. Wie würde sich der neue Bischof dazu stellen?

Romero lud Weihbischof Marco René Revelo von Santa Ana in seiner Eigenschaft als Leiter der katechetischen Kommission der Bischofskonferenz zu einem ausführlichen Gespräch mit den Verantwortlichen von Los Naranjos ein. Dabei ergab sich folgende Lösung: Die bisherigen, mehrtätigen Kurse in dem Zentrum sollten in die Pfarreien verlagert und damit mehr der Verantwortung der Pfarrer und des Bischofs unterstellt werden. Juan Macho, den bisher für das Zentrum verantwortlichen Priester, ernannte er zum Koordinator der Pastoral in der ganzen Diözese. Damit setzte er ihn nicht einfach ab, band ihn aber auf der anderen Seite näher an sich als Bischof. Dem apostolischen Nuntius Emanuele Gerada, der in dieser Zeit schon mit der Regelung der Nachfolge von Erzbischof Chávez befasst war, gefiel diese Lösung.

Auf drei Ebenen wurde Romero in dieser Zeit also mit der sozialpolitischen Realität seines Landes konfrontiert: durch das Elend, in dem die große Mehrheit der Menschen in El Salvador lebten, durch die zunehmende staatliche Repression und durch die politische und strukturelle Dimension der zugrunde liegenden Probleme. Er begann sich jetzt ernsthafter mit den Dokumenten von Medellín zu beschäftigen. Ebenso las er die Enzyklika „Evangelii Nuntiandi" von Papst Paul VI. Sogar das heiße Eisen der Agrarreform griff er auf. Am 12. und 13. August 1976 veranstaltete er ein Seminar darüber in Santiago de María. Dazu lud er Referenten von der Zentralamerikanischen Universität der Jesuiten und des Sozialsekretariats ein – beides Einrichtungen, die er zwei Jahre zuvor in Rom noch als verdächtig denunziert hatte. Diese Veränderungen Romeros waren für diejenigen, die ihn zuvor als Weihbischof in San Salvador erlebt hatten, weitgehend unbemerkt geblieben. Dementsprechend groß waren die Vorbehalte, die ihm aus den kirchlich fortschrittlichen Kreisen in San Salvador bei seiner Ernennung zum Erzbischof entgegenschlugen.

Erzbischof von San Salvador: 1977–1980

Der Nuntius konsultierte vor der Ernennung des neuen Erzbischofs 40 Persönlichkeiten aus Kreisen der Regierung, der Unternehmer und der Frauen der Oberschicht. Alle sprachen sich ohne Vorbehalte für Romero als neuen Erzbischof aus. Sie hielten ihn „für einen der ihren". Romero würde mit den politisierenden Priestern aufräumen und die Kirche wieder zu ihrer „geistlichen" Aufgabe zurückführen – so war ihre Hoffnung. Wer nicht konsultiert wurde, war Erzbischof Chávez. Dieser äußerte dazu bitter: „Es ist schon seltsam, dass der heilige Stuhl keine Rücksicht auf mich nimmt. Mein Kandidat war immer Monseñor Rivera, und das wussten sie. Vierzig Jahre bin ich Erzbischof, und sie haben nichts auf meine Meinung gegeben."

Ein frostiger Empfang

Der Weihbischof Arturo Rivera y Damas äußerte sich zu Romeros Ernennung rückblickend so: „In menschlicher Logik dachten alle, dass der Nachfolger des Erzbischofs Chávez y González der Weihbischof sein müsste, der mit ihm mehr als 18 Jahre in der Erzdiözese zusammengearbeitet hatte. Die Logik Gottes überrascht die Menschen. Ich gestehe, dass die Ernennung von Monseñor Romero zum Erzbischof für mich unerwartet kam."

Auch Jon Sobrino hatte zu dieser Zeit – wie nicht wenig andere – ein negatives Bild von Romero: „Das Einzige, was ich demnach von Bischof Romero wusste, waren seine konservative Haltung und seine Beeinflussung durch das Opus Dei. Ferner war er allgemein bekannt als ein Gegner von Priestern und Bischöfen, welche die Linie von Medellín verfolgten. Diese gegnerische Position vertrat er manchmal sogar mit intellektueller

Aggressivität. Zudem hielt er zahlreiche Jesuiten von El Salvador für Marxisten und politisierende Priester."

Dementsprechend frostig war der Empfang für den neuen Erzbischof am 22. Februar. Ricardo Urioste nahm an der Amtseinführung Romeros gar nicht teil. Und doch begegnete ihm Romero an diesem Tag auf eine Art, die seine Vorurteile ins Wanken brachte: „Die erste persönliche Erfahrung mit ihm hatte ich nach seiner Amtseinführung zum Erzbischof am 22. Februar. Ich habe daran nicht teilgenommen, weil dies nicht ehrlich und aufrichtig von mir gewesen wäre. Ich glaubte, dass Monseñor Rivera und nicht Monseñor Romero Erzbischof hätte werden müssen. Deshalb habe ich an seiner Amtseinführung nicht teilgenommen. Doch ich dachte, dass er trotz allem mein Erzbischof war und dass ich mit ihm auskommen müsste. Es ergab sich, dass ich die Treppe des Priesterseminars San José de la Montaña hinaufging und dass jemand die Tür von innen öffnete, noch bevor ich klingelte. Es war Monseñor Romero, der die Tür aufmachte. Ich habe ihn natürlich gegrüßt, und er sagte: ‚Helfen Sie mir, helfen Sie mir!' Er sagte das nicht nur zu mir, sondern zu allen. Dabei schien er mir so demütig und aufrichtig, dass ich mich von diesem Tag an bis zu seinem Tod bemühte, an seiner Seite zu stehen." Urioste wurde acht Monate später Generalvikar des neuen Erzbischofs und einer seiner engsten Vertrauten.

Es war unklar, inwieweit Romero mit der Unterstützung des Klerus rechnen konnte. Salvador Carranza erinnert sich, wie der neue Erzbischof am Tag seiner Einsetzung an die anwesenden Priester appellierte: „Helfen wir uns, klar zu sehen und richtig zu reagieren und zu handeln." Diese Hilferufe hingen vor allem mit der komplizierten und brisanten politischen Situation des Landes zusammen. Nach dem Scheitern der lange geplanten Agrarreform 1976 hatte die Repression gegen die Landbevölkerung am Ende der Regierung General Molinas erschreckende Ausmaße angenommen. Am 20. Februar waren Präsidentschaftswahlen. Nach massiven Wahlfälschungen wurde am 26. Februar General Carlos Humberto Romero zum Wahlsieger ausgerufen, der freilich mit Erzbischof Romero nur den Namen gemeinsam hatte. Die Opposition reagierte zwei Tage darauf mit einem Generalstreik und einer Protestkundgebung gegen den Wahlbetrug auf der Plaza Libertad vor der Kathedrale. Rund 60 000 Menschen kamen zusammen. Am Abend harrten immer noch 7000 Menschen aus, als das Militär per Megaphon eine Räumung des Platzes forderte. Kurz danach schossen Soldaten wahllos in die Menge. Es gab mehr als 100 Tote. Der Tag des 28. Februar ging in die Geschichte El Salvadors ein. Der neue Erzbischof war nicht zur Stelle, sondern noch mit dem Umzug seiner Bücher aus Santiago de María in die Hauptstadt beschäftigt. Doch die entscheidende Wende im Leben Romeros stand unmittelbar bevor. Durch die Ermordung Rutilio Grandes wurden ihm – wie er das selber ausdrückte – *die Augen geöffnet.*

Das Experiment von Aguilares

Rutilio Grande hatte 1972 mit einem Team von Jesuiten und Ordensfrauen in dem Bauerndorf Aguilares eine bewusstseinsbildende und befreiende Pastoral umzusetzen begonnen, orientiert an den Beschlüssen von Medellín. Auf derselben Linie hatte der Jesuitenorden 1975 seine Mission in der Welt von heute in der notwendigen Verbindung von Glaubensverkündigung und Einsatz für Gerechtigkeit neu definiert. In Aguilares lebte die überwiegende Mehrheit der Menschen in bitterster Armut. Der Boden war im Besitz von einigen wenigen Großgrundbesitzern. Für Rutilio Grande war klar, dass Gott dieser Situation nicht gleichgültig gegenüberstand. Oft sagte er in seinen Predigten:

„Gott liegt nicht im Himmel weit oben in einer Hängematte, sondern er ist mitten unter uns. Für ihn ist es wichtig, ob es den Armen hier unten schlecht geht oder nicht."

Im Mittelpunkt seines pastoralen Konzepts stand die aktive Beteiligung der Gläubigen am Leben der Gemeinde. Das Geheimnis und die Keimzelle des Neuaufbruchs lag in den Gruppen, die miteinander die Bibel lasen. Dabei ging es darum, das Wort Gottes mit dem Leben der Menschen in Verbindung zu bringen. Die Gruppen folgten dabei dem aus der christlichen Arbeiterjugend kommenden Dreischritt Sehen-Urteilen-Handeln. Rutilio Grande bildete mit seinem Pastoralteam Männer und Frauen zu „delegados de la palabra", zu Boten des Wortes aus, die selber auszogen, um neue Gruppen ins Leben zu rufen. Aguilares kam in Bewegung. Beurteilten die Bauern von Aguilares ihre Lebenssituation nach dieser Methode im Licht des Wortes Gottes, so war dies wirklich erhellend. Sie entdeckten, dass Armut und Unterdrückung ein immer wiederkehrendes Thema in der Bibel ist. Gott ergriff dabei durch die Propheten und durch Jesus Partei für die Opfer.

Auf diesem Weg entfaltete der Glaube eine soziale und politische Wirksamkeit. Grande ermutigte die Campesinos, sich gewerkschaftlich zu organisieren und ihre Rechte auf ein menschenwürdiges Leben einzufordern. Auch andere Priester folgten diesem Beispiel. Doch damit sahen die Großgrundbesitzer ihre Interessen bedroht. Es begann die Verfolgung der Kirche in El Salvador. Vor allem ausländische Priester und die Jesuiten wurden beschuldigt, Unruhe zu stiften. Anfang 1977 wurden die ersten Priester gefoltert und ausgewiesen, unter ihnen der Kolumbianer Mario Bernal, der Pfarrer von Apopa in der Nähe von Aguilares war.

„Es ist gefährlich, Christ zu sein"

Am 13. Februar fand in Apopa eine Protestdemonstration mit über 6000 Teilnehmern gegen die Ausweisung von Mario Bernal statt. Bei der abschließenden heiligen Messe hielt Rutilio Grande eine flammende Predigt. Unerschrocken stellte er fest: „Es ist gefährlich, Christ zu sein in unserer Mitte! Es ist gefährlich, wahrhaft katholisch zu sein! Es ist faktisch illegal, echter Christ zu sein in unserer Mitte, in unserem Land." Er zitierte Statistiken über die Ungerechtigkeit und das Elend in El Salvador. Dann fuhr er fort: „All dies kleiden wir heuchlerisch in prunkvolle Werke, wehe euch, ihr Heuchler, die ihr euch lauthals Katholiken nennt, und innen seid ihr schmutzige Bosheit, ihr seid Kains und kreuzigt den Herrn, welcher umhergeht mit dem Namen Manuel, Luis, Chavela, mit dem Namen des einfachen Landarbeiters."

Die Predigt gipfelte in der Vorstellung einer Wiederkunft Jesu nach El Salvador: „Ich fürchte sehr, meine lieben Brüder und Freunde, dass die Bibel und das Evangelium bald vor unseren Grenzen Halt machen müssen, weil jede ihrer Seiten subversiv ist, gegen die Sünde natürlich... Sehr fürchte ich, Brüder, dass, wenn Jesus von Nazaret zurückkehrte und wie in jener Zeit von Galiläa nach Judäa hinunterzöge, das heißt, wage ich zu sagen, von Chalatenango nach San Salvador, dass er dann mit seinen Predigten und seinen Werken nicht bis Apopa käme. Ich glaube, er würde aufgehalten auf der Höhe von Guazapa. Dort würde er festgenommen und in den Kerker geworfen. Sie würden ihn vor manches Hohe Gericht bringen als Verfassungsbrecher, als Umstürzler. Der Gottmensch, der Prototyp des Menschen, er würde als Revolutionär angeklagt, als ausländischer Jude, als Ränkeschmied, mit fremden exotischen Ideen gegen die Demokratie, das heißt gegen die Minderheit. Gottesfeindlicher Ideen würden sie ihn bezichtigen, weil sie Clans von Kains sind. Ohne Zweifel, meine Brüder, würden sie ihn wieder kreuzigen."

Es dürfte diese Predigt gewesen sein, die Rutilio Grandes Todesurteil besiegelt hat. Am 12. März 1977 wurde er zusammen mit zwei Begleitern auf dem Weg zu einem Gottesdienst aus einem Hinterhalt ermordet. Auftraggeber waren die Großgrundbesitzer. In Leintücher gehüllt legte man die drei Leichname vor den Altar in der Kirche von El Paisnal. Dorthin war Rutilio Grande unterwegs gewesen. Spät in der Nacht traf Erzbischof Romero ein.

„Rutilio hat mir die Augen geöffnet"

Auch wenn Rutilio Grande ein Freund Romeros war, so stand dieser seinem Engagement in Aguilares lange verständnislos und misstrauisch gegenüber. Eine entsprechende Bemerkung findet sich in dem erwähnten Bericht Romeros an die Päpstliche Kommission für Lateinamerika. Sobrino ist sogar der Überzeugung, dass Romero das pastorale Handeln Rutilio Grandes für unangemessen und für falsch hielt. Doch wie er jetzt vor dem Leichnam Rutilio Grandes stand, wurde Oscar Romero im Innersten erschüttert. Er ließ sich das schlichte Zimmer Rutilios zeigen und murmelte vor sich hin: „Er hat wirklich arm gelebt." Romero entschied, mitten in der Nacht eine Messe zu feiern. Als Bibeltext wählte er die Stelle aus dem Johannesevangelium: „Es gibt keine größere Liebe, als wenn einer sein Leben für seine Freunde hingibt" (Joh 15,13).

Jon Sobrino war damals an Ort und Stelle. Für ihn begann sich in jener Nacht die Bekehrung Romeros zu vollziehen. Romero selber beschreibt rückblickend seine intuitive Einsicht vor dem Leichnam Rutilio Grandes so: „Wenn sie ihn für das umgebracht haben, was er getan hat, dann muss ich denselben Weg gehen. Rutilio hat mir die Augen geöffnet." Salvador Carranza, der zu dem Pastoralteam von Aguilares gehörte, verglich die Bedeutung Rutilio Grandes für Romero mit der Johannes des Täufers für Jesus. Johannes verstand sich als Vorläufer und Wegbereiter für einen Größeren, der nach ihm kam. Nach seiner Verhaftung und Ermordung begann Jesus sein öffentliches Wirken.

Die drei Leichname wurden in die Hauptstadt überführt, wo Romero am 14. März in der Kathedrale das Requiem feierte. Die Messe wurde im Radio übertragen. Romero schloss nicht aus, dass die Mörder in ihrem Versteck die Übertragung hörten, und richtete sich an sie mit den eindrücklichen Worten: „Wir möchten euch sagen, ihr mörderischen Brüder, dass wir euch lieben und dass wir Gott um Reue für eure Herzen bitten, denn die Kirche ist nicht zum Hass fähig und sie kennt keine Feinde."

Romero reagierte auf die Ermordung Rutilio Grandes mit der Ankündigung, an keinem offiziellen Akt der Regierung mehr teilzunehmen, bis das Verbrechen aufgeklärt sei. Ein anderes Zeichen setzte er am 20. März: Für die ganze Erzdiözese wurde nur eine einzige Messe in der Kathedrale von San Salvador gefeiert. Die Regierung fürchtete in der angespannten Situation einen großen Volksauflauf und versuchte, diese Messe mit allen Mitteln zu verhindern. Auch der Nuntius widersetzte sich, doch Romero ließ sich nicht beirren. Über 100 000 Menschen kamen zusammen. In seiner Predigt stellte er klar: „Wer einen meiner Priester anrührt, der rührt mich an." In den katholischen Schulen wurden anstelle des normalen Unterrichts Texte der Bibel, des Zweiten Vatikanums und Medellíns mit den Schülern gelesen.

Sowohl der Nuntius als auch die Regierung und die Oberschicht stellten beunruhigt fest, dass ihre Rechnung mit der Ernennung Romeros zum Erzbischof nicht aufgegangen war. Dieser verhielt sich ganz anders, als sie sich das vorgestellt hatten. Die Reichen boten ihm einen Wagen und sogar den Bau eines Bischofspalasts an, wenn er nur aufhören würde, über soziale Gerechtigkeit und die Rechte der Armen zu predigen. Romero lehnte ab: „Zuerst versuchen sie dich mit einem Faden zu fesseln, zum Schluss wird ein Seil daraus und du kannst dich nicht mehr losmachen." Schon bald wurde er in Rom angezeigt.

Die Regierung gegen Kirche und Volk

Mit der Entführung des Außenministers Mauricio Borgonovo Pohl durch die linken Fuerzas Populares de Liberación (FPL) im April verschärfte sich die Situation im Land. Die Regierung machte Teile der Kirche und den Erzbischof für diese Entführung mitverantwortlich. Romero hielt am 8. Mai eine programmatische Predigt. Darin stellte er klar, was er von da an immer wieder sagen wird: Der Konflikt ist kein Konflikt zwischen Regierung und Kirche, sondern zwischen der Regierung und dem Volk, wobei die Kirche auf der Seite des Volkes steht. Am 10. Mai fand man die Leiche des Ministers. Einen Tag später wurde mit Alfonso Navarro ein weiterer Priester ermordet. Am 11. Mai feierte Romero das Requiem für Borgonovo Pohl, am Tag darauf für Navarro.

Die Repression und die Verfolgung der Kirche nahmen zu. In der kirchlichen Druckerei explodierte eine Bombe. Erste Drohungen gegen den katholischen Rundfunksender YSAX wurden laut. Am Tag der Beerdigung von Alfonso Navarro tauchten Flugblätter auf mit der Aufschrift: „Sei ein Patriot. Töte einen Priester!" Romero antwortete auf diese Angriffe mit dem Hinweis, es gehöre zum Wesen der Kirche, dass sie verfolgt würde. Dabei erinnerte er an die „Kirche der Katakomben".

In Aguilares kam es zu einigen Landbesetzungen. Als Reaktion begann die Armee eine blutige Militäraktion gegen die Stadt am 19. Mai. Die verbliebenen drei Jesuiten wurden zwangsdeportiert. Die Soldaten schossen auf den Tabernakel, zerstreuten die geweihten Hostien auf dem Boden und zertraten sie mit ihren Stiefeln. Einen Monat lang riegelte die Armee Aguilares von der Außenwelt ab. Viele Menschen wurden umgebracht. Erst am 19. Juni konnte Romero in einer heiligen Messe den verängstigten Menschen wieder Mut aus dem Glauben zusprechen. In seiner Predigt verglich er die Gemeinde mit dem gekreuzigten und durchbohrten Christus.

Jon Sobrino hat folgende Erinnerungen an diesen denkwürdigen Tag: „Im Anschluss an die Messe zogen wir über den Platz des Dorfes, als Sühne für die Entweihung, die die Soldaten am geheiligten Leib Christi und am lebendigen Leib Christi, den ermordeten Campesinos, vorgenommen hatten. Gegenüber dem Bürgermeisteramt standen mehrere bewaffnete Soldaten mit geschwärzten Gesichtern und sahen uns feindlich an. Als wir zum Bürgermeisteramt gelangten, hielt der Anführer der Prozession inne. Wir waren sehr besorgt und ängstlich, denn wir wussten nicht, was passieren würde. In diesem Moment drehten wir uns spontan dem Ende der Prozession zu, wo Bischof Romero mit dem Allerheiligsten in der Hand stand. Bischof Romero sagte: ‚Weiter!', und wir gingen weiter. Die Prozession zog ohne Zwischenfall weiter, und in diesem Augenblick wurde Bischof Romero symbolisch zum Anführer der Salvadorianer. Er hatte dies weder beansprucht noch gesucht, doch es war so. Bischof Romero war der, der uns vorausging. Er wurde zum Bezugspunkt der Kirche und des Landes. Nach diesem Tag geschah nichts Wichtiges mehr im Land, ohne dass alle auf Bischof Romero blickten."

Das „Wunder Romero"

Drei Monate nach seiner Ernennung war Romero ein anderer, ein veränderter Bischof. Viele sprachen im Zusammenhang mit dieser Wandlung vom „Wunder Romero". War er zuvor eher zurückhaltend, ja ängstlich gewesen und hatte sich mehr bei seinen Büchern wohl gefühlt, so suchte er jetzt die Begegnung mit den Menschen. „Ein Bischof muss immer viel von seinem Volk lernen", sagte er und machte sich wie schon in Santiago de María auf den Weg in die Gemeinden auf dem Land. Dies bedeutete beschwerliche Fußwanderungen in die entlegenen Weiler bei tropischer Hitze; dies bedeutete, mit den Armen ihr kärgliches Essen zu teilen, mit ihnen unter Unsicherheit und Bedrohung zu leiden. In der erzbischöflichen Kurie richtete er eine Cafeteria ein, damit die Besucher einander treffen und miteinander plaudern konnten. Wenn er konnte, setzte er sich dazu und beteiligte sich an den Gesprächen.

Er wohnte nicht in einem Bischofspalast, sondern in einem einfachen Zimmer eines Krankenhauses für Krebskranke. Die Schwestern, welche das Krankenhaus betreuten, bauten dann ein kleines Haus für ihn, das er an seinem Geburtstag am 15. August 1977 beziehen konnte. Sein einziger, besonderer Wunsch war, dort eine Hängematte für seine Siesta aufzuhängen.

Hatte er zuvor die Dokumente der Bischofsversammlung von Medellín nie zitiert, so wurden sie jetzt zu einer der wichtigsten Quellen seiner Predigten und seiner Hirtenbriefe. Hatte er zuvor seine Ratgeber in Kreisen des Opus Dei gesucht, so wurden jetzt jene zu seinen engsten Mitarbeitern, die er wenige Jahre zuvor noch als verdächtig angesehen und in Rom angeschwärzt hatte. Die Reichen, die zuvor seine Freunde gewesen waren, wandten sich zum großen Teil von ihm ab. So schreibt er in seinem Tagebuch am 21. August 1979 im Anschluss an eine Messfeier: „Unangenehm bei dieser Messe war die Begegnung mit einer Dame, die sagte, ich sei nicht mehr der Gleiche wie früher und hätte sie betrogen. Ich wollte darauf absolut nichts erwidern. Und ich verstehe, dass diese Verleumdung von all denen kommt, die nicht möchten, dass die Kirche an ihre schäbigen Interessen rührt."

Von angeblichen religiösen Gruppen, die sich „Salvadorianischer Katholischer Verein" oder „Vereinigung Katholischer Frauen" nannten, wurden in den von der Oligarchie kontrollierten großen Tageszeitungen ganzseitige Anzeigen mit wüsten Angriffen gegen Romero und die Jesuiten veröffentlicht. Ein ultrarechtes Kampfblatt machte gar den Vorschlag, der Papst solle einen Exorzismus an Romero vollziehen. Am 21. Juni 1977 forderte eine Todesschwadron „Union Weißer Krieger" die Jesuiten auf, binnen 30 Tagen das Land zu verlassen. Andernfalls würden sie und alle ihre Einrichtungen „zu militärischen Zielscheiben". Romero stellte sich entschieden vor die Jesuiten. Diese blieben im Land, und vorerst geschah nach dem Stichtag des 21. Juli nichts.

Mann des Dialogs

Hatte er früher seine Entscheidungen einsam getroffen, so ließ sich Romero jetzt von den verschiedensten Leuten und Gruppen beraten. Er wurde zum Mann des Dialogs. Er umgab sich mit drei Beratergruppen: eine für pastorale Fragen, eine zweite für juristische und eine dritte für politische Fragen. Damit verabschiedete er sich von einem autoritär-vertikalen Kirchenmodell, in dem der Bischof befiehlt und alle anderen gehorchen. Über das partizipative Modell, das er jetzt vertrat, sagte er in einer Predigt: „Wir können nicht autoritär reden, sondern wir müssen zum dialogischen Nachdenken im Licht des Evangeliums einladen." Er verzichtete auf seine hierarchische Autorität und gewann so eine überragende moralische Autorität.

Auch seine Hirtenbriefe schrieb er nicht mehr allein, sondern sie waren das Ergebnis eines dialogischen und konsultativen Prozesses. In der Vorbereitung des dritten Hirtenbriefs über die Kirche und die Volksorganisationen ließ er Fragebögen an die Gemeinden verteilen, um so die Erfahrungen und Meinungen des Volkes mit einzubeziehen. Einmal führte er sogar eine Umfrage unter dem Klerus und den Ordensleuten durch, um ihre Meinung und ihre Kritik über seine Amtsführung und die pastorale Linie der Erzdiözese zu erfahren. Bei Exerzitien mit Priestern bat er diese ausdrücklich, ihm seine Fehler und Schwächen mitzuteilen.

Vertreter aller gesellschaftlicher Gruppen suchten das Gespräch mit ihm: Unternehmer und Großgrundbesitzer, Militärs, Regierungsmitglieder, Diplomaten, Journalisten und natürlich die einfachen Menschen, die manchmal tagelange Fußmärsche vom Land auf sich nahmen, um mit ihm zu reden, und denen er Vorfahrt gegenüber allen anderen einräumte. Damit wuchs Romero fast wie von selbst die Rolle eines Vermittlers zu: Er vermittelte in Arbeitskonflikten, bei Besetzungen von Botschaften durch die linken Volksorganisationen und in Entführungsfällen.

Zu seiner Wandlung gehörte es auch, dass er frühere Irrtümer eingestehen und um Vergebung bitten konnte. 1972 hatte er einen heftigen Zusammenstoß mit einer Basisgemeinde in Zacamil. Dabei ging es um den Artikel in „Orientación", in dem er die Besetzung der Universität gerechtfertigt hatte. Die Auseinandersetzung war so heftig, dass nicht einmal die vorgesehene Messe gefeiert werden konnte. Bei seinem Besuch als Erzbischof in Zacamil 1978 kam er auf diesen Vorfall zurück: „Ich erinnere mich noch gut, und heute möchte ich Ihnen als Ihr Hirt sagen, dass ich verstehe, was damals passiert ist, und dass ich vor Ihnen allen meinen Fehler eingestehe. Ich habe mich geirrt, Sie hatten Recht und haben mir damals eine Lektion in Glauben und Kirche erteilt. Verzeihen Sie mir, was an jenem Tag passiert ist."

Sein nationales und auch sein internationales Prestige wuchsen beständig. Die Georgetown-Universität der Jesuiten in Washington beschloss, ihm ein Ehrendoktorat zu verleihen. Die Universität hatte den Vatikan etwa zwei Monate vor dem festgesetzten Termin von der Ehrung informiert. Doch zwei Wochen vorher versuchten vatikanische Stellen plötzlich, die Ehrung zu verhindern. Die Verleihung des Ehrendoktorats fand am 14. Februar 1978 wie vorgesehen in der Kathedrale von San Salvador statt. Der Präsident der Georgetown-Universität war eigens nach El Salvador gereist. Aber es war keine akademische Versammlung, die die Kathedrale füllte, sondern es waren weitgehend die Armen El Salvadors, die auch sonst in den Sonntagsgottesdienst kamen. Romero nahm die Ehrung nicht für sich allein in Anspruch; er wollte sie mit allen teilen, die sich in El Salvador für die Menschenrechte und die Armen einsetzten. So betrachtete er das Ehrendoktorat als „eine Geste und Stimme der Solidarität, die jene, die hier auf so demütigende Art Gewalt gegen ihre fundamentalen Rechte erleiden, anfeuert und ihnen Hoffnung gibt".

Im Dezember 1978 schlugen ihn 118 britische Abgeordnete für den Friedensnobelpreis vor. 1979 wurde der Friedensnobelpreis dann tatsächlich an eine herausragende Persönlichkeit der katholischen Kirche verliehen, doch nicht an Oscar Romero, sondern an Mutter Teresa von Kalkutta.

Ein typischer Arbeitstag

Diejenigen, die Romero schon länger kannten, stellten fest, dass er trotz der großen Belastungen als Erzbischof viel ausgeglichener und ruhiger war als früher. Dabei bewältigte er ein nahezu übermenschliches Arbeitspensum. Ein typischer Arbeitstag war für ihn beispielsweise der 1. Juni 1979:

Früh am Morgen trinkt er in der Kurie mit drei Priestern Kaffee. Einer von ihnen wurde in den Zeitungen verleumdet und schwebte damit in akuter Lebensgefahr. Romero ermutigt ihn und erzählt, wie ihn selber vor kurzem Telefonanrufe mit Todesdrohungen erreichten. Auf einer Postkarte mit Hakenkreuz und dem Zeichen der Todesschwadron „Union Weißer Krieger" sei ihm befohlen worden, den Kommunismus zu verdammen und die Toten der Sicherheitskräfte zu loben. Andernfalls würde man ihn „ausschalten".

Um zehn Uhr kommt der Botschafter der Vereinigten Staaten zu einem Gespräch. Dem Botschafter folgt eine Gruppe von Medizinstudenten, die ihm über Zwangssterilisierungen in den öffentlichen Krankenhäusern berichten und ihn zu einem Gespräch am runden Tisch zu diesem Thema in die Universität bitten. Dann laden ihn zwei Arbeiter zu einer Versammlung am nächsten Tag ein, zu der er aber nur einen Vertreter schicken kann. Es folgt ein Gespräch mit einem japanischen Journalisten über die Erzdiözese in der aktuellen politischen Situation des Landes.

Am Nachmittag führt ein kolumbianischer Journalist mit ihm ein Telefoninterview über die Besetzung der Kathedrale durch eine der linken Volksorganisationen. Zu dieser Frage hat er auch ein Gespräch mit zwei Beratern. Besonders bedrückend ist für ihn die Nachricht, dass sein Bruder Gaspar, der beim staatlichen Fernmeldedienst arbeitet, unerwartet zurückgestuft worden ist.

Er deutet dies als eine Repressalie der Regierung, und es schmerzt ihn, dass seine Familie unter den Folgen seiner „prophetischen Aufgabe" zu leiden hat. Schließlich feiert er am Abend wie am ersten Tag jeden Monats in der Kapelle des Krankenhauses eine „heilige Stunde", in der er besonders für die Nöte der Kirche und des Landes betet.

Von der Wohltätigkeit zu den Strukturen

Mit der Wandlung Romeros verband sich auch die Einsicht, dass durch bloße Wohltätigkeit die Probleme El Salvadors nicht gelöst werden können. Die Zivilisation der Liebe, die der neue Papst Johannes Paul II. zu einem Leitwort seines Pontifikats erhoben hatte, musste sich für Romero mit Wahrheit und Gerechtigkeit verbinden: „Eine Zivilisation der Liebe, die keine Gerechtigkeit von den Menschen fordern würde, wäre keine wirkliche Zivilisation und würde nicht die wahren Beziehungen unter den Menschen kennzeichnen. Deshalb handelt es sich um eine Karikatur der Liebe, wenn man mit Almosen abdecken will, was man aus Gründen der Gerechtigkeit schuldig ist: Das ist doch nur Flickschusterei unter dem Anschein der Wohltätigkeit, während man in der sozialen Gerechtigkeit versagt."

Wahre Liebe musste sich in Verhältnissen wie denen El Salvadors mit dem Einsatz für Gerechtigkeit verbinden. Dazu bedarf es des Wandels der sozialen, politischen und wirtschaftlichen Strukturen. Dies ist aber nicht möglich, ohne die Frage nach den Ursachen von Armut und Ungerechtigkeit zu stellen. Dies verdeutlichte Romero in seiner Predigt am 16. Dezember 1979: „Eine echte christliche Bekehrung heute muss die sozialen Mechanismen aufdecken, die den Arbeiter und den Bauern marginalisieren. Warum gibt es für den armen Campesino nur Einkünfte während der Kaffee-Ernte, der Baumwoll- und der Zuckerrohr-Ernte? Warum benötigt diese Gesellschaft Bauern ohne Arbeit, schlecht bezahlte Arbeiter, Leute ohne gerechten Lohn?" Gerade für die Christen sah er es als eine Pflicht an, diese Zusammenhänge aufzudecken, um nicht zu Komplizen des herrschenden Systems zu werden, das immer mehr Arme, Marginalisierte und Notleidende hervorbrachte.

Romero vollzog damit den Schritt vom karitativen zum strukturellen Ansatz in der Armutsbekämpfung. Diesen Schritt hat Bischof Helder Câmara aus Brasilien einmal so auf den Punkt gebracht: „Wenn ich den Armen Brot gebe, nennt man mich einen Heiligen. Aber wenn ich frage, warum die Armen nichts zu essen haben, dann werde ich als Kommunist beschimpft." Folgerichtig distanzierte sich Romero auch von einem paternalistischen Hilfskonzept, wie er dies selber noch in San Miguel praktiziert hatte: „Wir dienen dem Armen nicht durch Paternalismus: Hilfe von oben nach unten. Nicht das möchte Gott, sondern eine Beziehung von Bruder zu Bruder."

Wer so nach den Gründen der Ungerechtigkeit fragte, stellte das herrschende System in Frage. Damit fühlten diejenigen ihre Interessen bedroht, die von diesem System profitierten. Sie warfen Romero vor, seiner eigentlichen Aufgabe der Seelsorge untreu geworden zu sein und sich in die Politik einzumischen. Doch Romero hatte in neuer Weise gelernt, das „ewige Heil" und die „irdische Gerechtigkeit" miteinander verbunden zu sehen. Dazu führte er in seinem zweiten Hirtenbrief aus: „Die Kirche wird verfolgt, weil sie in Wahrheit die Kirche Jesu Christi sein will. Solange die Kirche jenseitige Erlösung verkündet, ohne selbst in die realen Probleme dieser Welt einzutauchen, wird sie geachtet und gepriesen und sogar mit Privilegien überschüttet. Wenn sie aber ihrer Sendung treu ist und auf die Sünde hinweist, die so viele ins Elend stürzt, wenn sie die Hoffnung auf eine gerechtere und menschlichere Welt verkündet, dann wird sie verfolgt und verleumdet, wird subversiv und kommunistisch genannt."

„Umgebracht wird, wer stört", bemerkte er einmal lapidar. Und Romero begann nun selber massiv zu stören. Er wurde zum wortmächtigen Verteidiger der Unterdrückten, zur „Stimme derer, die keine Stimme haben", zum Gewissen der Nation. Die staatliche Repression ging mit einer absoluten Kontrolle der Medien einher. Fester Bestandteil seiner Sonntagspredigten waren Kommentare zu den Ereignissen der vergangenen Woche. Er nannte hier nicht nur die Namen der Opfer von Menschenrechtsverletzungen, sondern – soweit wie möglich – auch die der Täter. So wurden die im Rundfunk übertragenen Predigten des Erzbischofs zur wichtigsten Informationsquelle über das, was im Land vorgefallen war. Man verlieh ihm sogar den Ehrentitel eines „Journalisten der Armen".

Prophetische Anprangerung der Götzen

Romero kam in seinen Predigten immer wieder auf die modernen Götzen zu sprechen: der Götze Reichtum, der Götze Macht, der Götze Ideologie der Nationalen Sicherheit – begrenzte Wirklichkeiten, die absolut gesetzt und um derentwillen Menschen geopfert werden. Diesen Götzen des Todes stellte Romero den Gott des Lebens entgegen: „Wenn die Menschen vor anderen Göttern auf die Knie fallen, dann stört es sie, wenn die Kirche den einzigen Gott verkündet. Deshalb gerät die Kirche in einen Konflikt mit den Götzen der Macht, mit denen, die das Geld als Götzen verehren, die aus dem Fleisch einen Götzen machen, mit denen, die glauben, dass Gott überflüssig ist, dass sie Christus nicht brauchen, und die ganz auf die irdischen Dinge setzen:

Götzen. Die Kirche hat das Recht und die Pflicht, diese Götzen vom Sockel zu stoßen und zu verkündigen, dass Christus allein der Herr ist."

Befürwortete damit Romero im Kampf gegen die Götzen auch die Gewalt? Dieser Vorwurf wurde wiederholt gegen ihn erhoben. In seinem vierten Hirtenbrief beschäftigte er sich ausführlich mit diesem Thema. Die tiefste Wurzel der Gewalt lag für ihn in der Ungerechtigkeit, die im Dokument von Medellín auch als „institutionalisierte Gewalt" bezeichnet wurde. Er verurteilte die institutionalisierte Gewalt ebenso wie die „willkürliche Gewalt" seitens der Regierung und der extremen Rechten. Im Blick auf die linken Volksorganisationen lehnte Romero auch die „terroristische Gewalt" ab. So konnte er guten Gewissens sagen, dass er niemals zur Gewalt aufgerufen habe. Im Einklang mit der katholischen Soziallehre akzeptierte er Gewalt überhaupt nur in Grenzfällen.

Einen solchen Grenzfall hatte Papst Paul VI. in seiner Sozialenzyklika „Populorum Progressio" beschrieben: „Es gibt ganz sicher Situationen, deren Ungerechtigkeit zum Himmel schreit. Wenn ganze Völker, die am Mangel des Notwendigsten leiden, unter fremder Herrschaft gehindert werden, irgendetwas aus eigener Initiative zu unternehmen, zu höherer Bildung aufzusteigen, am sozialen und politischen Leben teilzunehmen, dann ist die Versuchung groß, solches gegen die menschliche Würde verstoßende Unrecht mit Gewalt zu beseitigen. Trotzdem: Jede Revolution – ausgenommen im Fall der eindeutigen und lange dauernden Gewaltherrschaft, die die Grundrechte der Person schwer verletzt und dem Gemeinwohl des Landes ernsten Schaden zufügt – zeugt neues Unrecht, bringt neue Störungen des Gleichgewichts mit sich, ruft neue Zerrüttung hervor." Wiederholt bezog sich Romero auf diesen gerade für El Salvador wichtigen Abschnitt aus der katholischen Soziallehre.

Seine persönliche Haltung zur Gewalt fasst Romero so zusammen: „Die einzige Form von Gewalt, die das Evangelium zulässt, ist diejenige, die man sich selber gegenüber anwendet. Wenn Christus zulässt, dass er getötet wird, dann ist das Gewalt: sich töten zu lassen. Die Gewalt gegen sich selbst ist wirksamer, als die Gewalt gegen andere. Es ist leicht, zu töten, vor allem, wenn man Waffen hat; aber wie schwer ist es, sich töten zu lassen aus Liebe zum Volk!"

Kirchenverfolgung

Seitens der Militärregierung und der Oberschicht wurden die Angriffe gegen die Kirche und Romero immer schärfer. Man warf ihm vor, dass er Hass und Umsturz predige, dass die Kirche marxistisch geworden sei und die Grenzen ihrer eigentlichen Aufgabe überschritten habe, indem sie sich in die Politik einmischte. Romero hielt dem entgegen: „Die Kirche wird immer dann verfolgt, wenn sie ihre evangelische Sendung zu verwirklichen sucht, wenn sie praktische Konsequenzen aus ihrer Botschaft beziehungsweise hier und jetzt aus den Beschlüssen des Konzils und Medellíns zieht." Letztlich ging es schlicht und ergreifend darum: „Sie verfolgen uns, weil sie nicht wissen, was sie mit einer Kirche machen sollen, die die Armen verteidigt."

Für Romero gehörte die Verfolgung zum Wesen der Kirche. Jesus selber hatte vorausgesagt, dass diejenigen, die ihm wirklich nachfolgen, auch so wie er mit Verfolgung rechnen müssten: „Wenn Christus, der Gottessohn, der das Leben der Armen teilt, in Demut am Kreuz den Sklaventod stirbt, dann muss dies die Konsequenz unseres christlichen Glaubens sein. Der Christ, der diese Verpflichtung zur Solidarität mit den Armen nicht ins Leben umsetzen will, ist dieses Namens nicht würdig. Dieser Einsatz zieht Verfolgung nach sich, weil – glaubt es mir, meine Brüder – derjenige, der für die Armen Partei ergreift, das gleiche Schicksal haben muss wie sie. Und wir wissen, was in El Salvador das Schicksal der Armen ist: zu verschwinden, gefoltert, entführt, tot aufgefunden zu werden."

Verfolgung bedeutete für die Kirche auch, dass sie ihrer materiellen Mittel und ihrer bisheriger Privilegien verlustig ging. Doch für Romero war das ein gutes Zeichen, weil die Kirche so ihr Vertrauen nur noch auf Gott setzen konnte. So fügte er den klassischen Kennzeichen der Kirche das der Verfolgung hinzu: „Die Verfolgung ist ein charakteristisches Zeichen für die Echtheit der Kirche. Eine Kirche, die keine Verfolgung erleidet, sondern die Privilegien genießt und auf irdische Dinge baut, diese Kirche sollte Angst haben! Sie ist nicht die wahre Kirche Jesu Christi."

Während der drei Jahre, in denen Romero Erzbischof war, wurden in El Salvador sechs Priester ermordet. Er reagierte darauf mit den erstaunlichen Worten: „Ich freue mich, Brüder und Schwestern, dass sie in diesem Land Priester ermordet haben. Denn es wäre traurig, wenn in einem Land, in welchem derart schreckliche Mordtaten verübt werden, sich nicht auch Priester unter den Opfern befänden. Sie geben Zeugnis von einer in den Leiden des Volkes inkarnierten Kirche."

Damit stellte er die ermordeten Priester in eine Reihe mit Hunderten von Katechisten und „Boten des Wortes", die ebenfalls umgebracht worden waren. Der Unterschied war nur, dass die Ermordung eines Priesters immer noch für ein gewisses Aufsehen in der Öffentlichkeit sorgte. So wie sie sich in ihrem Leben für die Armen eingesetzt hatten, wurden sie auch in ihrem Tod zu Stellvertretern für die vielen, die umgebracht wurden, ohne öffentlich auch nur Erwähnung zu finden. Romero ging darauf bei seiner Rede zur Verleihung des Ehrendoktorats der Universität Löwen ein: „Wenn man nicht davor zurückschreckte, die im Licht der Öffentlichkeit stehenden Repräsentanten der Kirche so zu behandeln, dann können Sie sich vorstellen, was man erst den einfachen Christen angetan hat, den Campesinos, ihren Katecheten und Verkündern des Wortes, den Mitgliedern der Basisgemeinden. Hier geht die Zahl der Bedrohten, Entführten, Gefolterten und Ermordeten in die Hunderte und Tausende. Auch von der Verfolgung waren also, wie immer, die Armen unter dem christlichen Volk am stärksten betroffen."

Für Romero war die Ermordung der Priester auch ein Anlass, die Gläubigen auf ihre eigene Verantwortung und Berufung hinzuweisen, den Glauben zu verkündigen: „Wenn sie uns vielleicht eines Tages das Radio genommen haben, unsere Zeitungen nicht mehr erscheinen und sie uns nicht mehr reden lassen, wenn sie alle Priester und auch den Bischof getötet haben werden und ihr ein Volk ohne Priester sein werdet, dann wird jeder unter euch ein Botschafter und ein Prophet sein müssen."

Von ihren Gemeinden wurden die ermordeten Priester spontan als Märtyrer verehrt. Ohne einer kirchenoffiziellen Anerkennung vorgreifen zu wollen, bezeichnete sie auch Romero als „wirkliche Märtyrer im Sinn des Volkes... Es sind Menschen, die genau diese Menschwerdung in der Armut verkündeten. Es sind wahre Menschen, die bis an die gefährlichen Grenzen gegangen sind, ... wo man auf jemanden mit den Fingern weisen kann und wo man ihn schließlich umbringt, wie sie Christus umgebracht haben."

Ein wesentliches Element im klassischen Verständnis des Martyriums ist, dass jemand aus „odium fidei", aus „Hass gegen den christlichen Glauben" umgebracht wird. Nun waren aber die Folterer und Mörder in Armee und Sicherheitskräften in aller Regel selber Christen. Romero sagte dazu: „Es tut weh, sich vorzustellen, dass viele dieser Menschen, die andere ermorden, foltern, die das Land mit Füßen treten, Christen sind." Romero hat Jon Sobrino gebeten, theologisch über das Martyrium in El Salvador nachzudenken. Sobrino weitete in seiner Theologie des Martyriums den klassischen Begriff dahingehend aus, dass es für ihn auch Märtyrer eines „odium iustitiae" gibt, die aus Hass wegen ihres Einsatzes für die Gerechtigkeit umgebracht werden.

Romero selber bekam Unsicherheit und Bedrohung immer mehr am eigenen Leib zu spüren. Auf seinen Pastoralbesuchen wurde er wiederholt von Militärposten kontrolliert. Auf dem Weg zu einer Gemeinde im Norden des Landes im August 1979 unterzogen ihn Soldaten zum ersten Mal einer Leibesvisitation – zu seinem Schutz, wie sie höhnisch bemerkten.

Er selber brachte die wachsenden Drohungen gegen sein Leben mit dem Weg Jesu in Verbindung: „Es ist mein einziger Trost, dass auch Christus selbst, der den Menschen diese große Wahrheit mitteilen wollte, nicht verstanden wurde, dass man ihn als Aufrührer bezeichnet und zum Tod verurteilt hat, so wie man mir in den letzten Tagen gedroht hat." Eine der Seligpreisungen in der Bergpredigt bezieht sich auf diejenigen, die um der Gerechtigkeit willen verfolgt werden. Romero fühlt sich dadurch bestärkt: „Deswegen machen sie mir eine große Ehre, wenn sie mich ablehnen, weil ich so ein klein wenig Jesus Christus ähnlich werde, der auch ein Stein des Anstoßes war." Wenn ihm von staatlicher Seite Personenschutz angeboten wurde, lautete seine wiederholte Antwort: „Der Hirt will keine Sicherheit, solange die Sicherheit seiner Herde nicht gewährleistet ist."

Innerkirchliche Spaltung

Eine Frucht der Wandlung Romeros war eine neue, so nie dagewesene Einheit an der Basis der Kirche. Doch dafür kam es jetzt zu einer Spaltung in der Hierarchie. Aus dem Tagebuch Romeros geht hervor, dass er am meisten unter der erbitterten Gegnerschaft der anderen Bischöfe und des Nuntius gelitten hat. Einzig von Bischof Arturo Rivera y Damas wurde er unterstützt. Die wachsenden Differenzen wurden zum ersten Mal öffentlich sichtbar bei der Amtseinsetzung des neuen Präsidenten Carlos Humberto Romero am 1. Juli 1977. Oscar Romero nahm daran – getreu seinem Versprechen nach der Ermordung von Rutilio Grande – nicht teil. Anwesend waren jedoch der Nuntius und die Bischöfe Ernesto Barrera von Santa Ana und Eduardo Alvarez von San Miguel, der gleichzeitig Militärbischof war und damit den Rang eines Obersten in der Armee hatte. Alvarez erklärte in seiner Bistumszeitung, er habe an „dieser großartigen Zeremonie ... unabhängig von jeglicher Politik" teilgenommen. Und er fügte noch hinzu: „Es gibt keine verfolgte Kirche. Es gibt nur Söhne der Kirche, die – in der Absicht zu dienen – ihren Weg verloren haben und sich außerhalb des Gesetzes stellen."

Romero hatte bald nach seiner Ernennung zum Erzbischof Rom darum gebeten, den bisherigen Weihbischof von Santa Ana, Marco René Revelo, als seinen zweiten Weihbischof in San Salvador einzusetzen. Mit ihm hatte er zuletzt in der Lösung der Probleme um das kirchliche Schulungszentrum Los Naranjos in Santiago de María gut zusammenarbeiten können. Doch bald nach seiner Berufung stellte sich Revelo gegen Romero und die fortschrittlich eingestellten Kreise in der Erzdiözese. So erklärte er im Oktober 1977 auf einer Bischofssynode in Rom unter anderem, die Katechisten auf dem Land in El Salvador würden von Marxisten indoktriniert. Die Medien in El Salvador griffen dies begierig auf. Romero schrieb an Revelo nach Rom: „Es ist für mich eine brüderliche Pflicht der Offenheit, Ihnen zu schreiben, dass Ihre Worte in der Bischofssynode, die hier mit dem üblichen Getöse veröffentlicht worden sind, Priester und Volk, die unsere Pastoralpolitik besser kennen, bestürzt haben."

Die Beschuldigung, Marxist oder Kommunist zu sein, kam in El Salvador wie in vielen anderen Ländern Lateinamerikas unter den Militärdiktaturen fast schon einem Todesurteil gleich. Aus der Sicht der Oligarchie und der Armee war jedes Mittel erlaubt, die „Pest des Kommunismus" auszurotten. So war es verheerend, wenn der Marxismusvorwurf auch aus dem Innern der Kirche selbst erhoben wurde. Im Anschluss an eine Sitzung der Bischofskonferenz im August 1979 setzte sich Romero damit in seinem Tagebuch auseinander: „Als es aber um die Frage nach den Ursachen ging, ließ die Versammlung sich von den Vorurteilen einer marxistischen Infiltration innerhalb der Kirche leiten. Dabei war es nicht möglich, alle Vorurteile auszuräumen, obwohl ich zu erklären suchte, dass die Verfolgung dieser Priester daher rührt, dass sie dem Geist des Zweiten Vatikanums treu sein wollen, wie er durch Medellín und Puebla nach Lateinamerika herübergebracht worden ist. Sehr wenig versteht man das, lieber gibt man die Schuld einer Instrumentalisierung der Kirche seitens des Marxismus, dem die Kirche diene, wie sie meinen. Ich opferte Gott diese Geduldsprobe auf, denn zum großen Teil gab man mir die Schuld an allem Schlimmen, das im Lande und in unserer Kirche passiert."

Ein konkretes Beispiel dafür, wie Bischöfe selbst ihre Priester im Stich ließen, lieferte Bischof Alvarez. Miguel Ventura war Pfarrer in dem Ort Osicala. Er wurde gefangen genommen und während mehrerer Tage in der Polizeistation von Gotera gefoltert. Bischof Alvarez hatte dafür nur die knappe Erklärung übrig: „Pater Miguel ist als Mensch und nicht als Priester gefoltert worden." Deshalb sah er auch keinen Grund, öffentlich dagegen zu protestieren. Romero griff diesen Fall in seiner Predigt am 6. November 1977 als ein weiteres Beispiel für die Verfolgung der Kirche auf.

Die Kirche in El Salvador redete nicht mehr mit einer Stimme. Dies wurde in einer eklatanten Weise im August 1978 deutlich. Romero veröffentlichte seinen dritten Hirtenbrief über die Kirche und die Volksorganisationen. Diesen Hirtenbrief hatte auch Arturo Rivera y Damas als Bischof von Santiago de María unterzeichnet. Sie verteidigten darin das Recht des Volkes, sich gewerkschaftlich zu organisieren. Unmittelbar danach brachten die übrigen Bischöfe des Landes, Revelo, Barrera, Alvarez und Aparicio, ein Communiqué im Namen der Bischofskonferenz heraus, in dem sie sich von der Position Romeros und Riveras distanzierten.

Diese Spaltung der Bischofskonferenz war ein Spiegelbild der Spaltung, die durch die ganze Gesellschaft El Salvadors und die Kirche selber ging. Sie schwächte die Position der Kirche und sie verwirrte die Gläubigen. Romero ging in einem eigenen Abschnitt seines vierten und letzten Hirtenbriefs darauf ein. Er bezeichnete diese Spaltung als den sichtbarsten Ausdruck der Sünde in der Kirche. Als Erzbischof legte er dafür ein Schuldbekenntnis ab und bat die Gläubigen um Verzeihung.

Nichts dergleichen war von den anderen Bischöfen zu hören. Im Gegenteil! Wenig später hielt Bischof Aparicio eine Predigt, in der er sich ganz die Sicht der extremen Rechten zur Verfolgung der Kirche zu eigen machte. Diese Predigt wurde auf einer ganzen Seite in den auflagestärksten Tageszeitungen veröffentlicht. Im Tagebuch Romeros findet sich dazu unter dem 13. September 1979 die Eintragung: „Es ist eine furchtbare Verurteilung der Priester; er könne sie, sagt er, nicht verteidigen, und klagt sie fast an, setzt sie einem Mord aus, indem er sagt, die getöteten

Priester seien einer Säuberung der eigenen Linken zum Opfer gefallen; es gebe auch Priester, die sich mit der Linken eingelassen hätten und nicht zurück könnten, ohne umgebracht zu werden. Ich habe mich mit anderen Priestern zusammengesetzt, die über diese gefährliche Anklage sehr empört sind."

Die Spaltung unter den Bischöfen war auch ein Thema, das Romero in seinen letzten Exerzitien im Februar 1980 beschäftigte. Noch am 12. März, zwölf Tage vor seiner Ermordung, fand ein Treffen der Bischöfe mit dem Nuntius statt, um die Einheit der Bischofskonferenz wieder herzustellen. Romero notierte im Anschluss daran: „Meinerseits äußerte ich, dass es mir um die Treue zum Evangelium und zur Lehre der Kirche geht. Sie führt stets zu Konflikten, wenn man sie nicht nur theoretisch billigt, sondern zu leben versucht. Ich wies auch darauf hin, dass es solche Spaltungen schon zur Zeit von Monseñor Chávez gab; immer war es aber eine Kritik am Erzbistum, das den Linien der nachkonziliaren Kirche treu sein will." Am nächsten Tag erklärte er dem Nuntius seine Bereitschaft zu Kompromissen, „aber nicht im Substanziellen, wenn es um die Treue zum Evangelium, zur Lehre der Kirche und vor allem zu diesem geschundenen Volk geht, das sie so schwer verstehen".

Bischof Aparicio sorgte auf internationalem Parkett bei der Bischofskonferenz in Puebla im Februar 1979 für Furore, als er in einer Pressekonferenz die Jesuiten und Romero für Gewalt und Terrorismus in El Salvador verantwortlich machte. Romero beschränkte sich in einer eigenen, vielbeachteten Pressekonferenz hauptsächlich darauf, die Position Aparicios mit den Tatsachen zu konfrontieren. Dazu gehörte kurz zuvor die Ermordung des Priesters Octavio Ortiz zusammen mit vier Jugendlichen durch eine reguläre Einheit der Armee. Ortiz war mit etwa 30 jungen Männern zu Besinnungstagen in dem Pfarreizentrum El Despertar zusammengekommen. Früh am Morgen des 20. Januar brachen Soldaten mit einem Panzerwagen in das Anwesen ein und schossen mit Maschinengewehren um sich. Im Nachhinein wurde behauptet, hier habe es sich um ein Guerilla-Ausbildungszentrum gehandelt. Die Leichname der Ermordeten wurden auf das Dach geschleift, und die Soldaten drückten ihnen Pistolen in die Hände. Es wurden Fotos gemacht, die am darauf folgenden Tag in den Zeitungen als Beleg dafür erschienen, dass die Jugendlichen in einem Feuergefecht ums Leben gekommen seien.

Romero nahm an der Versammlung in Puebla nicht als Delegierter der salvadorianischen Bischofskonferenz teil, sondern als Mitglied der Päpstlichen Kommission für Lateinamerika. In Puebla begegnete er Bischöfen wie Leonidas Proaño aus Ecuador, Sergio Méndez Arceo aus Mexiko sowie den brasilianischen Kardinälen Aloísio Lorscheider und Paulo Evaristo Arns, die sich – so wie er – entschieden für die Armen einsetzten. Er begegnete aber auch der Feindseligkeit von Alfonso López Trujillo, dem damaligen Generalsekretär des lateinamerikanischen Bischofsrates. López Trujillo war der Wortführer jener Bischöfe, die in Puebla eine Verurteilung der Theologie der Befreiung, eine zentralistische Kontrolle der Basisgemeinden und eine Abschwächung der Option für die Armen erreichen wollten.

Romero arbeitete in Puebla unauffällig in der Kommission für Evangelisation und menschliche Entwicklung mit. Wegen eines Augenleidens musste er einige Tage in einem Krankenhaus verbringen. In seiner einzigen Wortmeldung im Plenum der Versammlung sprach er über den Zusammenhang zwischen Evangelisierung und Einsatz für die Gerechtigkeit sowie über die Verfolgung der Kirche: „Sicher muss die Kirche Transzendenz und Hoffnung auf den Himmel hervorheben, aber auf der Grundlage ihrer Verpflichtung, für eine gerechtere Welt zu wirken, die diese Transzendenz und diese Spiritualität widerspiegeln wird."

Die Befreiungstheologen waren zwar offiziell von einer Mitarbeit in Puebla ausgeschlossen, doch eine Gruppe von 30 Theologen und Soziologen arbeitete an denselben Themen wie die Bischöfe. Romero besuchte mehrmals diese Gruppe und tauschte sich mit ihnen aus. Schließlich bestätigte die Versammlung von Puebla die Grundentscheidungen von Medellín, und auch die Befreiungstheologen nahmen die Ergebnisse als eine Bestärkung auf. So heißt es im Schlussdokument: „Die Dritte Lateinamerikanische Bischofskonferenz macht sich mit erneuter Hoffnung auf die lebensspendende Kraft des Geistes die Haltung des Treffens von Medellín zu Eigen, auf dem sich die Bischöfe bedingungslos und solidarisch für die Armen entschieden hatten... Wenn wir uns dem Armen nähern, um ihm zur Seite zu stehen und zu dienen, tun wir dasselbe, was Christus für uns tat, als er Mensch und unser aller Bruder wurde."

Schwierige Beziehungen mit Rom

Eine Konstante in Romeros Leben war seine absolute Treue gegenüber dem Papst und dem kirchlichen Lehramt. So wurde es für ihn zu einer besonders schmerzlichen Zerreißprobe, wie er als Erzbischof in wachsende Spannungen mit dem Nuntius und dem Vatikan geriet. Schon im Zusammenhang mit der „einzigen Messe" nach der Ermordung Rutilio Grandes waren Beschwerden über Romero in Rom eingegangen. In seinen drei Jahren als Erzbischof unternahm er vier Reisen nach Rom. Papst Paul VI. begegnete ihm bei seinem Besuch im April 1977 verständnisvoll und gütig. Besonders wichtig war Romero, dass der Papst ein Foto von Rutilio Grande segnete. Zur letzten Begegnung mit Paul VI. kam es 1978, wenige Wochen vor dessen Tod. Als er bei seiner nächsten Romreise das Grab Pauls VI. besuchte, verdeutlichte ihm dessen Schlichtheit „den neuen Stil der Einfachheit und Demut im Dienst an der Kirche", wie ihn Paul VI. geprägt hat.

Als am 16. Oktober 1978 Karol Wojtyla zum Papst gewählt wurde, äußerte Romero Zweifel, ob der neue Papst auf dem Hintergrund seiner polnischen Herkunft die Realität der Länder Lateinamerikas verstehen würde: „Er kommt aus Polen, von der anderen Seite... Und wer weiß, ob er nicht die Vereinigten Staaten unterstützt. Natürlich um den Kommunismus zu bekämpfen. Weil er meint, dass er so den Glauben verteidigt und dass es sich für die Kirche eben so gehört..." Deshalb sah es Romero als wichtig an, den neuen Papst möglichst schnell und gut über die Situation El Salvadors zu informieren. Bereits am 7. November schickte er Johannes Paul II. einen sechsseitigen Brief über die Situation der Erzdiözese. Darin heißt es: „Seit Beginn meines Amtes in der Erzdiözese habe ich aufrichtig geglaubt, Gott fordere von mir die Stärke eines Hirten und verleihe sie mir auch – ein Stärke, die zu meinen ‚konservativen' Neigungen und zu meinem Temperament im Gegensatz stand. Ich glaubte, es sei meine Aufgabe, eine tatkräftige Haltung in der Verteidigung meiner Kirche und als Repräsentant dieser Kirche an der Seite meines unterdrückten und geschundenen Volkes einzunehmen. In all meinen Handlungen habe ich zum Heiligen Geist um viel Licht gebetet, damit ich nicht vom Evangelium, den Weisungen des Zweiten Vatikanischen Konzils und der Dokumente von Medellín abweiche. Im Besonderen ist mir Evangelii Nuntiandi eine gottgewirkte Richtschnur gewesen."

Im April 1979 machte er sich zu einem weiteren Besuch nach Rom auf, um sich dem neuen Papst persönlich vorzustellen. Obwohl er lange im Voraus schon um eine Audienz gebeten hatte, wurde er von der kurialen Bürokratie hingehalten und von einem Tag auf den nächsten vertröstet. Offensichtlich gab es

Kräfte im Vatikan, die nicht wollten, dass er sich mit dem Papst treffe. In seinem Tagebuch spiegelt sich die wachsende Verzweiflung über diese Behandlung: „Dieser Umgang mit einem Diözesanbischof bereitet mir Kummer und Ärger; immerhin habe ich die Audienz frühzeitig beantragt, aber man schiebt die Antwort hinaus. Ich fürchte sogar, dass man sie mir nicht gewährt... Ich habe alles in Gottes Hände gelegt und sage ihm, dass ich von mir aus alles Mögliche getan habe und dass ich trotz allem an die heilige Kirche glaube und sie liebe und mit Gottes Gnade immer dem heiligen Stuhl, dem Lehramt des Papstes treu sein werde und dass ich die menschliche, fehlerhafte Seite seiner heiligen Kirche verstehe, die trotz allem das Werkzeug der Erlösung der Menschheit ist und der ich ohne jeden Vorbehalt dienen will."

Schließlich bat er den Papst bei einer Generalaudienz persönlich um ein Gespräch. Der Papst willigte ein. Doch die Audienz verlief unglücklich. Offensichtlich war Johannes Paul II. einseitig und negativ über Romero informiert worden. Sein wichtigster Auftrag an ihn lautete, er solle sich um ein besseres Verhältnis zur Regierung seines Landes bemühen. In seinem Tagebuch vermerkte er von der Begegnung vorsichtig, sein erster Eindruck sei nicht rundum zufriedenstellend. Einer guten Bekannten erzählte er bei einer Zwischenlandung in Madrid auf dem Rückflug mit Tränen in den Augen von dieser ersten, missglückten Begegnung.

Ermutigender verlief das zweite und letzte Treffen Romeros mit Papst Johannes Paul II. am 30. Januar 1980. Zuvor hatte sich der Generalobere des Jesuitenordens Pedro Arrupe positiv beim Papst über Romeros Pastoral und seine Predigten geäußert. Darüber schreibt er in seinem Tagebuch: „Das hat das Urteil des Heiligen Vaters anscheinend sehr beeinflusst. Man spürte auch seine Überraschung, als Pater Arrupe ihm mitteilte, dass bis jetzt schon sechs Priester im Land ermordet wurden. Man hatte den

Eindruck, als würde der Papst keine objektiven Informationen über die Situation der Kirche in unserem Land erhalten."

Johannes Paul II. ermutigte ihn, die „Verteidigung der sozialen Gerechtigkeit" fortzusetzen und auf der Linie der „vorrangigen Option für die Armen" weiterzugehen. Der Papst machte allerdings auch auf die „Gefahren einer ideologischen Infiltration durch den Marxismus" aufmerksam, wodurch der „christliche Glaube im Volk ausgehöhlt" werden könnte. Romero äußerte dazu seinerseits, dass er auf die nötige „Balance" bedacht sei. „Aber", so fügte er hinzu, „ich habe dem Papst auch gesagt: Es gibt einen Antikommunismus, der nicht auf die Verteidigung der Religion, sondern des Kapitals aus ist: der Antikommunismus von rechts."

Zurück in El Salvador, berichtete er in der Sonntagspredigt über sein Gespräch mit dem Papst: „Der Heilige Vater kennt voll und ganz unsere Arbeit und ist völlig einverstanden mit der Verteidigung der sozialen Gerechtigkeit und auch mit unserer vorrangigen Option für die Armen, wie wir sie hier umzusetzen versuchen."

Schwieriger waren für Romero die Gespräche mit Kardinal Sebastiano Baggio von der Bischofskongregation. Schon 1977 wurde die Möglichkeit erwogen, ihm einen apostolischen Administrator an die Seite zu stellen und ihn damit faktisch zu entmachten. Innerhalb von 18 Monaten wurden ihm drei Visitatoren – vatikanische Kontrolleure – geschickt. In einem Memorandum im Anschluss an eines der Gespräche mit Baggio schreibt er: „Natürlich kehre ich mit der Sorge zurück, dass Sie weiterhin nur einseitige Berichte erhalten werden, welche genau mit den tendenziösen Kommentaren der Mächtigen meines Landes übereinstimmen. Das hinterlässt in mir den Eindruck, dass Sie sich gewisse vorgefertigte Urteile über diese Angelegenheit zu eigen gemacht haben." Zur Frage seiner Absetzung heißt es in demselben Memorandum: „Wenn es sich zum Wohl der Kirche als notwendig erweist, lege ich gerne die schwierige Leitung dieser Erzdiözese in andere Hände. Aber solange ich die Verantwortung für sie trage, suche ich lediglich dem Herrn zu gefallen, seiner Kirche und seinem Volk zu dienen, wie es mir mein Gewissen – dem Evangelium und dem Lehramt gemäß – befiehlt." Bei einem Spaziergang erklärt er einem Vertrauten: „Gegebenenfalls lasse ich mich lieber als Erzbischof absetzen und gehe mit hoch erhobenem Haupt, als dass ich die Kirche den Mächten dieser Welt überlasse."

Unterstützung und Trost fand er in Rom bei dem argentinischen Kurienkardinal Eduardo Pironio und dem damaligen Generaloberen der Jesuiten, Pedro Arrupe, den er in seinem Tagebuch als einen „heiligmäßigen Menschen" bezeichnete. Bei seiner letzten Europareise war für ihn auch die Begegnung mit Kardinal François Marty in Paris eine ermutigende Erfahrung. Aufschlussreich für Romero war, was Marty ihm über die kirchenpolitische Situation sagte: „Es gibt derzeit in der Kirche Strömungen, die die Impulse bremsen möchten, die der Heilige Geist durch das Zweite Vatikanische Konzil geben wollte, und sie versuchen sogar, den Papst zu manipulieren."

Der Putsch vom 15. Oktober 1979

Im Jahr 1979 verschlimmerte sich die Situation in El Salvador immer mehr. In den ersten sechs Monaten waren 406 Menschen militärischer und paramilitärischer Gewalt zum Opfer gefallen. Am Straßenrand und auf Müllkippen fand man die übel zugerichteten Leichen. Romero sprach in einer seiner Predigten vom „Reich der Hölle". Auch in Teilen der Armee setzte sich die Überzeugung durch, dass es so nicht weitergehen könne. So kam es am 15. Oktober 1979 zu einem unblutigen, von der US-Regierung mitunterstützten Putsch jüngerer, reformwilliger Offiziere. Romero war bereits im Voraus von ihnen ins Vertrauen gezogen worden. Eine neue Regierungsjunta, bestehend aus zwei Militärs und drei Zivilisten, wurde eingesetzt. Romero verfasste nach dem Putsch ein Communiqué, in dem er sich mit vorsichtiger Hoffnung zu der neuen Situation äußerte. Er verlangte die Entlassung derjenigen aus der Armee, die sich schwerer Menschenrechtsverletzungen schuldig gemacht hatten. Ebenso forderte er eine Aufklärung des Schicksals der Verschleppten.

Militante Vertreter der Linken sahen in dem Putsch nur eine Störung des revolutionären Prozesses. Sie setzten nach dem Beispiel Nicaraguas ihre Hoffnungen auf einen breiten Volksaufstand zur Beseitigung des Regimes. So legten sie Romeros vorsichtige Unterstützung der neuen Regierung als Verrat an der Sache der Volksorganisationen aus. Am 19. Dezember besetzte eine Gruppe von Priestern und Laien, die mit den Volksorganisationen sympathisierten, die erzbischöfliche Kurie. Damit wurde Romero nicht mehr nur von der extremen Rechten, sondern auch seitens der militanten Linken angegriffen. Zunehmend geriet er zwischen die Fronten.

Entscheidend war die Frage, ob die neue, militärisch-zivile Junta die Kontrolle über die Armee und die Sicherheitskräfte gewinnen würde und ob so die geplanten Reformen auch wirklich durchgeführt werden konnten. Doch die Repression und das Morden gingen unvermindert weiter. Als am 2. Januar 1980 die zivilen Mitglieder der Junta zurücktraten, kam dies einer Kapitulation der gemäßigten und reformorientierten Kräfte gleich. Romero führte in diesen Tagen im Hintergrund unzählige Gespräche mit Vertretern aller politischen Gruppen. In seiner Predigt am 6. Januar forderte er öffentlich den Rücktritt des Verteidigungsministers Oberst José Guillermo García. Drei Tage darauf besuchte ihn García, und Romero forderte ihn noch nachdrücklicher auf, auf sein Amt in der Regierung zu verzichten.

Doch in wachsendem Maß gewannen diejenigen die Oberhand, welche die Überzeugung vertraten, man müsse in El Salvador mindestens 200 000 Menschen umbringen, um so die „Pest des Kommunismus" auszurotten. Ihre Gallionsfigur war Major Roberto D'Aubuisson, der die Todesschwadronen organisierte und auch den Befehl zum Mord an Romero gab. Eine neue Stufe der Menschenverachtung war erreicht, als über einer Massendemonstration am 22. Januar 1980 ein Flugzeug Insektenvernichtungsmittel versprühte. Die Demonstration endete wieder in einem Blutbad mit mindestens 21 Toten und 120 Verletzten. Romero reagierte darauf in seiner Predigt am 27. Januar: „Als geistlicher Hirte und salvadorianischer Bürger schmerzt es mich zutiefst, dass der organisierte Teil unseres Volkes weiterhin massakriert wird – nur deshalb, weil das Volk auf die Straße gegangen ist, um in geordneter Weise um Gerechtigkeit und Freiheit zu bitten... Der Schrei dieses Volkes nach Befreiung steigt auf zu Gott. Nichts und niemand kann diesen Schrei aufhalten."

Die letzten Wochen Romeros waren von einer dramatischen Dichte gekennzeichnet. Dies hing zu einem guten Teil mit der Dramatik in der Situation des Landes zusammen. Doch Romero scheint vorausgesehen und gespürt zu haben, dass ihm nur noch wenig Zeit blieb. So gewinnen seine letzten Ansprachen, Aufzeichnungen und Predigten den Charakter eines Vermächtnisses.

Ehrendoktorat in Löwen

Schon länger stand der Termin für die Verleihung des Ehrendoktorats der Universität Löwen in Belgien fest. Doch wegen des Massakers am 22. Januar verschob Romero die Reise nach Europa um eine Woche. Beim akademischen Festakt hielt Romero einen Vortrag zum Thema „Die politische Dimension des Glaubens und die Option für die Armen". Darin verdeutlichte er explizit für die Erste Welt die Grundlagen seines Dienstes als Erzbischof in einem von Gewalt und sozialer Ungerechtigkeit zerrissenen lateinamerikanischen Land.

Eingangs stellte er klar, dass er nicht als politischer Experte oder als Theologe auftrete, sondern dass er als Seelsorger spreche. Der Hintergrund seiner Ausführungen sei die Erfahrung, „dass der christliche Glaube uns nicht von der Welt trennt, sondern uns im Gegenteil eng mit ihr verbindet". So könnten auch Glaube und Politik nicht strikt voneinander getrennt werden. Denn es sei eine Tatsache, „dass der christliche Glaube und das Wirken der Kirche schon immer soziopolitische Auswirkungen hatten". Entscheidend sei dabei die Frage, ob diese soziopolitische Einflussnahme auf die Welt mit dem Glauben übereinstimme oder nicht.

Romero bezog sich ausdrücklich auf das Zweite Vatikanische Konzil, in dem er den Ausgangspunkt für alle gegenwärtigen kirchlichen Veränderungen sah. Für das Konzil bestehe die Hauptaufgabe der Kirche darin, „der Welt zu dienen, sie in ihrer Gesamtheit zu retten, und dies heute, in der geschichtlichen Gegenwart". Als Beispiel für diese Grundorientierung des Konzils zitierte er die bekannten Anfangsworte von Gaudium et Spes, in denen die Solidarität der Kirche mit der „Freude und Hoffnung, der Trauer und Angst der Menschen" zum Ausdruck gebracht wird. Die Sendung der Kirche kam so wieder enger mit der Sendung Jesu in Verbindung, „den Armen die Frohe Botschaft zu bringen, die Niedergedrückten zu heilen und zu suchen und zu retten, was verloren war". Was für das Konzil Öffnung zur Welt war, wurde für die Kirche Lateinamerikas Öffnung gegenüber der Welt der Armen: „Die Welt, der die Kirche dienen soll, ist für uns die Welt der Armen." Für die Kirche in der Erzdiözese von San Salvador bedeutete das „eine Wende zu der Welt der Armen, und zwar zu ihrer realen und konkreten Welt". Diese Annäherung an die Welt der Armut charakterisierte Romero als Inkarnation und Umkehr.

Die Kirche hat sich auf die Seite der Armen gestellt, ihre Verteidigung übernommen und ihre Rechte eingefordert. Damit ist sie prophetisch geworden. Romero verdeutlichte dies mit einer Aktualisierung von Worten der Propheten Amos und Jesaja auf die Situation El Salvadors hin: „Bei uns sind die schrecklichen Worte der Propheten auch heute noch grausame Wahrheit. Auch bei uns gibt es jene, die ‚den Unschuldigen für Geld und den Armen für ein paar Sandalen verkaufen', jene, die in ihren Palästen Gewalt und Raub anhäufen; die den Armen in den Staub treten; die dafür sorgen, dass ein Reich der Gewalt entsteht, während sie in ihren Elfenbeinbetten liegen; die ein Haus nach dem anderen erwerben und sich ein Stück Land nach dem anderen aneignen, bis sie das ganze Land besitzen und Alleinherrscher sind." Durch diese Anklage von Ungerechtigkeit und Ausbeutung sei die Kirche in einen Konflikt mit den Mächtigen gekommen, und sie habe dasselbe Schicksal wie die Armen erlitten.

Romero betonte, dass der Kurs der Erzdiözese seinen Ursprung in ihrer Glaubensüberzeugung und ihrer Treue zum Evangelium habe. Doch andererseits treffe auch zu, „dass sich gerade durch diese Haltung gegenüber der soziopolitischen Realität, so wie sie ist, unser Glaube vertieft hat und dass verborgene Reichtümer des Evangeliums sich öffneten". Zwischen Glaube und Welt, zwischen Evangelium und soziopolitischer Wirklichkeit ergebe sich also eine wechselseitige Beeinflussung und Vertiefung.

Die politische Dimension des Glaubens findet für Romero ihren tiefsten Ausdruck im Dienst an den Armen. So zitierte er am Ende seines Vortrags das bekannte Wort des Irenäus von Lyon: „Gloria Dei, vivens homo" – „Die Ehre Gottes ist der lebende Mensch". Er entwickelte dieses Wort kreativ weiter: „Gloria Dei, pauper vivens" – „Die Ehre Gottes ist es, dass der Arme lebt". Das ist die Kurzformel des Glaubens und der Spiritualität Romeros.

Der Brief an Präsident Carter

Als Romero von seiner Europareise zurückkehrte, fand er sein Land nach wie vor in einer äußerst gespannten Situation. Die Regierung versprach Reformen, und die Todesschwadronen mordeten ungehindert weiter. Die US-Regierung kündigte verstärkte Militärhilfe an, was nur bedeutete, Öl ins Feuer zu gießen. Romero entwarf einen Brief an den damaligen US-Präsidenten Jimmy Carter, den er während der Messe am 17. Februar vorlas. Darin hieß es: „Der Beitrag Ihrer Regierung wird zweifellos, statt Gerechtigkeit und Frieden in El Salvador zu fördern, die vom organisierten Volk erlittene Ungerechtigkeit und Unterdrückung noch verschärfen." Er warnte Carter vor einer Einmischung der USA in die Verhältnisse El Salvadors und berief sich dabei auf das Selbstbestimmungsrecht, wie es die lateinamerikanischen Bischöfe auf ihrer Versammlung in Puebla ausdrücklich betont hatten. In weniger als 24 Stunden lag im vatikanischen Staatssekretariat schon eine Beschwerde des Washingtoner State Departments über den Brief vor.

Am darauf folgenden Tag zerstörte eine von Rechtsextremisten gelegte Bombe den kirchlichen Rundfunksender. Man wollte Romero zum Schweigen bringen. An den folgenden Sonntagen wurden seine Predigten von Radio El Continente auf Kurzwelle über Costa Rica übertragen. In seiner Predigt am 24. Februar machte er die Oligarchie für das Attentat verantwortlich. Er konnte aber auch von weltweiten Solidaritätsbekundungen nach dem Anschlag berichten. Das Morden ging unvermindert weiter. Allein in Aguilares waren im Februar über 50 Menschen umgebracht worden. Romero machte selten Aufhebens von den zahlreichen gegen sein eigenes Leben gerichteten Drohungen. Doch jetzt teilte er mit: „In dieser Woche habe ich eine Nachricht bekommen, dass ich auf der Liste jener stehe, die in den nächsten Wochen umgebracht werden sollen. Ich möchte aber klarstellen, dass niemand die Stimme der Gerechtigkeit töten kann."

Die letzten Exerzitien

Mit einer Gruppe von Priestern begann Romero seine letzten Exerzitien in einem Haus von Passionistenschwestern in der Nähe der Hauptstadt am Montag, dem 25. Februar. Ursprünglich hatten sie geplant, nach Guatemala zu fahren. Doch seine Berater drängten Romero, wegen der sich zuspitzenden Situation im Land zu bleiben.

Romeros Aufzeichnungen aus diesen Exerzitien sind sein geistliches Testament. Noch mehr als seine Tagebuchaufzeichnungen erlauben sie einen Blick in sein Inneres. Zu Beginn schreibt er sich einfach von der Seele, was ihn beschäftigt und bedrückt. Er spürt die Last seiner Verantwortung als Erzbischof. Er ist sich auch klar darüber, dass er in der derzeitigen Lage seines Landes einen wichtigen politischen Einfluss ausübt. Verständlicherweise beschäftigen ihn auch die Morddrohungen, die er schon in seiner Sonntagspredigt erwähnt hat: „Ich empfinde Angst vor der Gewalt, die sich gegen meine Person richtet. Man hat mich vor einer drohenden Gefahr genau für diese Woche gewarnt."

Doch er möchte in diesen Exerzitien den Blick so intensiv wie möglich auf Jesus richten: „Ich wünsche Jesus zu begegnen und an seinem Gehorsam gegenüber Gottes Heilsplan teilzunehmen." Er bittet Gott, durchsichtiger für seine Liebe, seine Gerechtigkeit und seine Wahrheit zu werden. Dazu gehört in der Dynamik der Exerzitien auch eine Besinnung auf die eigenen Fehler und Sünden. Im Anschluss an eine Beichte notiert er sich seine guten Vorsätze: „Ich werde also meinem spirituellen Leben den Vorrang einräumen und Sorge tragen, in Verbindung mit Gott zu leben. Meine erste Sorge wird sein, mich Jesus täglich mehr anzuschließen, sein Evangelium noch radikaler anzunehmen. Nach diesem inneren Gespür und in der Nachfolge Jesu werde ich meine Verehrung der seligen Jungfrau und meine dem Gebet bestimmten Zeiten ausrichten: Meditation, Messe, Brevier, Rosenkranz, geistliche Lesung, Gewissenserforschung, geistliche Übungen. Ich werde meinen wöchentlichen Ruhetag organisieren, auch wenn es nur ein halber Tag sein sollte, und zwar in Gesellschaft von Priestern."

Auch sein Konflikt mit den anderen Bischöfen beschäftigt ihn in diesen Exerzitien. Dabei findet er folgende Überlegung sehr hilfreich, die sich aus einem Gespräch mit den anderen Priestern ergab: „Welche Alternative schlagen sie vor, wenn sie bemängeln, wie ich mein Hirtenamt ausübe? Dies bestätigte mir, dass das einzig Wichtige die Radikalität des Evangeliums ist, die nicht alle verstehen können. In nebensächlichen Dingen kann man Kompromisse schließen, nicht aber in der radikalen Nachfolge des Evangeliums. Diese Radikalität muss immer Widerspruch und sogar schmerzhafte Spaltung mit sich bringen."

So wie Jesus im Garten Getsemane Gott wiederholt gebeten hat, den Kelch des Leidens an ihm vorübergehen zu lassen, kommt Romero auch in diesen Exerzitien wiederholt auf seine Ängste vor einem gewaltsamen Tod zu sprechen. Doch so wie Jesus ergibt er sich letztlich gläubig in den Willen Gottes: „Es fällt mir schwer, einen gewaltsamen Tod anzunehmen, der in diesen Verhältnissen sehr wohl möglich ist. Der Nuntius von Costa Rica hat mich sogar vor unmittelbarer Gefahr gewarnt, welche mir diese Woche drohen würde." Auch in seinem Gespräch mit Pater Azcue, seinem Beichtvater, bringt er seine Todesangst zur Sprache: „Der Pater hat mich bestärkt und mir gesagt, ich solle aus innerer Gesinnung heraus mein Leben für Gott hingeben, was auch immer das Ende meines Lebens sein möge. Die noch unbekannten Umstände werden mit Gottes Gnade durchgestanden werden. Gott half den Märtyrern, und, wenn es nötig sein sollte, werde ich ihn sehr nahe fühlen, wenn ich ihm meinen letzten Atemzug schenke. Wichtiger als der Augenblick des Todes ist es, ihm das ganze Leben zu schenken, für ihn zu leben."

Er erneuert seine Hingabe an das Herz Jesu: „So stelle ich auch mein ganzes Leben unter seine liebevolle Vorsehung und in ihm nehme ich gläubig meinen Tod an, wie schwer er auch sein möge." Und er legt ein festes Glaubensbekenntnis ab: „Das sichere Wissen, dass in ihm mein Leben und Sterben ist, genügt mir, um glücklich und getrost zu sein; trotz meiner Sünden habe ich in ihn mein Vertrauen gesetzt und werde nicht zugrunde gehen; andere werden mit mehr Weisheit und Heiligkeit die Arbeiten für die Kirche und mein Land fortsetzen."

Segundo Azcue schrieb später in seinen Erinnerungen an Romero: „Ich wage es, diese seine letzten geistlichen Exerzitien als sein Gebet im Garten Getsemane zu bezeichnen. Erzbischof Romero sah seinen möglichen und unmittelbar bevorstehenden Tod voraus. Er empfand einen Schrecken davor wie Jesus im

Garten. Aber er verließ weder seinen Posten noch seine Pflicht; er war bereit, den Kelch zu leeren, den der Vater für ihn bereithalten würde."

Am Sonntag nach diesen Exerzitien feierte Romero eine Messe für den christdemokratischen Politiker Mario Zamora, der von einer Todesschwadron brutal ermordet worden war. Einen Tag später fand man in einem Koffer in der Nähe des Altars 72 Dynamitstangen, die – wären sie explodiert – die ganze Kirche in die Luft gesprengt hätten. Eine besondere Sorge Romeros war es, dass bei seiner Ermordung auch noch andere Menschen mit in den Tod gerissen würden. So steuerte er in den letzten Wochen sein Auto meist selbst und fuhr allein.

Wie bewusst Romero auf seinen Tod zugegangen ist, zeigt auch ein Gespräch mit einem mexikanischen Journalisten gerade zwei Wochen vor seiner Ermordung: „Ich bin oft mit dem Tod bedroht worden. Ich muss Ihnen sagen, dass ich als Christ nicht an einen Tod ohne Auferstehung glaube. Sollte ich umgebracht werden, so werde ich im salvadorianischen Volk auferstehen…

Als Hirte bin ich aufgrund des göttlichen Auftrags verpflichtet, mein Leben hinzugeben für jene, die ich liebe – für alle Salvadorianer, sogar für die, welche mich vielleicht töten werden. Sollten die Drohungen ausgeführt werden, so bringe ich bereits jetzt mein Blut Gott dar, zur Befreiung und zur Auferstehung El Salvadors.

Das Martyrium ist eine Gnade Gottes, die ich wohl nicht verdiene. Aber sofern Gott das Opfer meines Lebens annimmt, so sei mein Blut ein Same der Freiheit und ein Zeichen, dass Hoffnung zu Wirklichkeit wird. Wird mein Tod von Gott angenommen, dann möge er zur Befreiung meines Volkes dienen und ein Zeugnis der Hoffnung auf die Zukunft sein.

Wenn es ihnen gelingt, mich umzubringen, so sagen Sie, dass

ich den Tätern verzeihe und sie segne. Wenn sie doch einsehen würden, dass sie ihre Zeit verschwenden! Ein Bischof wird sterben, aber die Kirche Gottes, die das Volk ist, wird nie vergehen."

Gläubiger, christlicher kann man kaum über den eigenen Tod reden. Aus diesen Worten spricht eine große Gelassenheit und ein tiefes Gottvertrauen.

Die letzte Sonntagspredigt

Der Sonntagsgottesdienst vom 23. März wurde – rückblickend gesehen – zum Abschied Romeros von der großen Gemeinde der Gläubigen in der Kathedrale und an den Rundfunkgeräten. Die Messe konnte nach der mehrwöchigen Unterbrechung erstmals wieder im Diözesansender YSAX übertragen werden. Am Anfang seiner Predigt begrüßte er eine ökumenische Delegation aus den USA, die sich über die Menschenrechtsverletzungen in El Salvador informieren wollte. Dann resümierte er die vorausgegangenen Predigten der Fastenzeit, in denen er versuchte habe, im Wort der Bibel Gottes Plan zu entdecken, die Völker und die Menschen zu befreien. Das Wort Gottes sollte die gesellschaftliche, politische und wirtschaftliche Realität erhellen. Dabei verteidigte er sich gegen den Vorwurf, sich in die Politik einzumischen: „Das ist nicht Politik, wenn in einer Predigt die politischen, sozialen und wirtschaftlichen Sünden aufgezeigt werden; sondern das ist das Wort Gottes, das in unserer Wirklichkeit Fleisch wird... Ich bemühe mich nur, dass die Anstöße des Zweiten Vatikanischen Konzils und der Bischofsversammlungen von Medellín und Puebla nicht nur toter Buchstabe und Theorie bleiben, sondern dass wir sie ins Leben und in diese konfliktreiche Wirklichkeit umsetzen, um so das Evangelium angemessen für unser Volk zu verkünden."

Danach verlas er wieder eine lange Liste der Namen jener, die in der vergangenen Woche Opfer der Gewalt geworden waren. Am Ende folgte der berühmt gewordene Aufruf an die Angehörigen der Armee, besonders an jene der Nationalgarde, an die Polizei und die Garnisonen: „Brüder, ihr gehört zu unserem Volk. Ihr tötet eure eigenen Brüder unter den Bauern. Wenn ein Mensch euch befiehlt zu töten, dann muss das Gesetz Gottes mehr gelten, das da lautet: Du sollst nicht töten! Kein Soldat ist verpflichtet, einem Befehl zu gehorchen, der gegen das Gesetz Gottes gerichtet ist. Ein unmoralisches Gesetz verpflichtet niemanden. Es ist höchste Zeit, dass ihr auf euer Gewissen hört und mehr seinem Gebot Folge leistet als der Ordnung der Sünde! Die Kirche, die Verteidigerin der Rechte Gottes und der menschlichen Würde, der Würde der Person, kann angesichts solcher Abscheulichkeiten nicht schweigen! Wir wollen, dass die Regierung sich darüber klar wird, dass Reformen, die mit so viel Blut befleckt sind, zu nichts taugen. Im Namen Gottes und im Namen dieses leidenden Volkes, dessen Klagen von Tag zu Tag lauter zum Himmel steigen, bitte ich euch, flehe ich euch an, befehle ich euch: Hört auf mit der Unterdrückung!"

In den Ohren der Armeeführung musste dies wie ein Aufruf zur Befehlsverweigerung klingen. So bemerkte ein Offizier am darauf folgenden Tag: „Was der Bischof gestern gesagt hat, ist ein Delikt." Diese Predigt hat Romeros Todesurteil besiegelt und seine Ermordung beschleunigt.

Die befreundete Familie, bei der Romero gewöhnlich am Sonntag zu Mittag aß, erlebte ihn bei Tisch seltsam ruhig und ernst. Seine Augen füllten sich mit Tränen. Es war, als sei er sich des Abschieds bewusst gewesen. Nach einer Siesta brach er nach Calle Real auf, wo er um vier Uhr eine Messe vor allem mit jungen Leuten feierte. Sie sangen ihm nach der Messe sein Lieblingslied „El amigo – Der Freund". Am Abend luden ihn die

Schwestern des Krankenhauses ein, mit einem Glas Wein auf den neuen Rundfunksender anzustoßen. Die Atmosphäre war entspannt und freundschaftlich. Bevor er zu Bett ging, erinnerte Schwester Teresa, die für ihn Sekretärin und guter Geist für alles war, an einige Termine des folgenden Tages.

„Wenn das Weizenkorn nicht in die Erde fällt…"

Am 24. März fuhr Romero vormittags mit einer Gruppe von Priestern ans Meer zur Erholung. Nachmittags suchte er außerplanmäßig Pater Azcue in Santa Tecla zu einer Beichte auf. „Pater, ich möchte rein sein vor Gott", hörten ihn andere noch sagen, als er das Zimmer von Azcue betrat.

Dann begab er sich wieder in seine Wohnung und stand pünktlich um 18 Uhr am Altar der Krankenhauskapelle zur Feier einer heiligen Messe zum Jahresgedächtnis an die verstorbene Mutter eines Freundes. In einer Zeitung war eine Ankündigung dieser Messe für Sara de Pinto erschienen. Romero predigte über das Evangelium vom Weizenkorn, das in die Erde fallen und sterben muss, um reiche Frucht zu bringen:

„Wir haben gerade die Worte Christi gehört. Es ist zwecklos, nur sich selbst zu lieben und sich vor den Gefahren des Lebens zu hüten. Die Geschichte stellt die Menschen in diese Gefahren, und wer ihnen ausweichen will, verliert sein Leben. Wer sich hingegen aus Liebe zu Christus in den Dienst der anderen stellt, wird leben, wie das Weizenkorn stirbt, aber nur dem Scheine nach. Stirbt es nicht, so bleibt es allein. Die Ernte setzt das Sterben voraus. Nur was sich auflöst, trägt Frucht.

Das Evangelium lehrt uns, dass es dem Menschen nichts nützt, die Welt zu gewinnen, wenn er sich selbst verliert. Dessen ungeachtet soll man trotz der Hoffnung auf ein besseres Jenseits nicht aufhören, sich um die Neugestaltung der Erde zu bemühen, die für die Menschen die Vorstufe für das Leben nach dem Tod ist. Obwohl man den zeitlichen Fortschritt vom Wachsen des Reiches Gottes sorgfältig unterscheiden muss, darf man ihn nicht vernachlässigen, weil er in enger Beziehung zum Reich Gottes steht. Das Reich ist bereits im Keim auf der Erde gegenwärtig. Wenn der Herr kommt, wird es sich verwirklichen...

Diese heilige Messe, diese Eucharistiefeier, ist ein Akt des Glaubens. In christlichem Glauben wissen wir, dass in diesem Augenblick die Hostie aus Weizen in den Leib des Herrn verwandelt wird, der sich zur Befreiung der Welt hingegeben hat, und dass der Wein in diesem Kelch verwandelt wird in das Blut, das der Preis der Erlösung ist. Möge dieser geschundene Leib und dieses für Menschen geopferte Blut auch uns ernähren, damit wir unseren Leib und unser Blut ebenfalls dem Leid und den Schmerzen hingeben möchten – wie Christus; nicht für sich selbst, sondern um unser Volk Gerechtigkeit und Frieden zu lehren. Deshalb wollen wir uns in Glaube und Hoffnung in diesem Augenblick des Gebets für Doña Sarita und für uns selbst innig zusammenschließen."

Romero ging zum Altar, um Brot und Wein darzubringen. In diesem Augenblick krachte der tödliche Schuss. Blutüberströmt brach er hinter dem Altar zusammen. Die Kugel hatte ihn ins Herz getroffen. Man brachte ihn noch in eine Klinik, doch jede Hilfe kam zu spät.

Ricardo Urioste brachte in einer Messe am darauf folgenden Tag zum Ausdruck, was die Hunderttausende empfanden, die an seinem Sarg Abschied von Erzbischof Romero nahmen: „Man hat unseren Vater ermordet, man hat unseren Hirten ermordet, man hat unseren Propheten ermordet, man hat unseren Führer ermordet. Es ist, als hätte jeder von uns ein Stück seiner selbst verloren."

II
WERK UND ZEUGNIS

Meister der christlichen Spiritualität sind Menschen, die sich vom Geist Gottes neue, ja überraschende Wege führen lassen. Besonders faszinierend am Leben Romeros ist, wie er sich in einem Alter und von einer Position aus veränderte, wo dies normalerweise nicht mehr geschieht. Wie wurde aus einem unbekannten Bischof eine weltweit bekannte Symbolgestalt im Kampf für die Würde der Armen und die Menschenrechte? Wie lässt sich die Wandlung Romeros von einem ängstlichen und unpolitischen Kirchenmann zum prophetischen Verteidiger der Armen erklären?

Nachdem wir Romeros Leben bis jetzt mehr von außen in den Blick genommen haben, wollen wir nun versuchen, seinen inneren Haltungen und Einstellungen auf die Spur zu kommen. Persönliche Veränderungen oder gar eine Bekehrung betreffen das Innerste eines Menschen. Erklärungen und Interpretationen können hier leicht fehlgehen oder auch von eigenen Vorstellungen geleitet sein. So weit wie möglich wollen wir dabei auf Romero selber und auf Menschen hören, die ihm nahe gestanden haben.

Dabei wird sich zeigen, dass Romeros Spiritualität auf drei Säulen ruht: auf dem Gebet, auf einer Wahrnehmung und Deutung der Zeichen der Zeit und auf der Option für die Armen. Seine innere Bekehrung lässt sich am besten mit dem Bild des „neuen Sehens" zum Ausdruck bringen. Romero lernte neu, mit den „Augen des Glaubens" die Ungerechtigkeit und das Elend zu sehen. Er lernte – inspiriert durch die Dokumente des Zweiten Vatikanischen Konzils und der Bischofsversammlung von Medellín – neu den Zusammenhang zwischen Weltgeschichte und Heilsgeschichte, zwischen Glaube und Politik zu sehen. Er erkannte in den Armen die verborgene Anwesenheit Jesu Christi und erblickte in ihrem Leiden das Kreuz.

Romeros „Werk"

Viele „Meister der Spiritualität" haben ihre geistlichen Erfahrungen in Büchern niedergeschrieben und so an die Nachwelt weitergegeben. Doch Oscar Romero hat ebenso wenig wie Jesus von Nazaret ein schriftliches „Werk" verfasst. Dem scheint zu widersprechen, dass zu Romeros 20. Todestag eine neunbändige Werkausgabe mit über 3000 Seiten erschienen ist. Zum großen Teil handelt es sich dabei aber um die Niederschrift seiner Predigten, ausgehend von Bandaufnahmen. Auch sein Tagebuch hat Romero nicht selber schriftlich niedergelegt, sondern abends einen Tagesrückblick auf ein Tonbandgerät diktiert. So trifft es doch zu, dass er kein schriftliches Werk im strengen Sinn verfasst hat. Das führt uns schon zu einem wichtigen Merkmal von Romeros Spiritualität.

Die Einheit von Verkündigung und Person

Sein „Werk" ist das Zeugnis seines Lebens. Als Priester und Bischof war er vor allem ein Mann der Verkündigung, des gesprochenen Wortes. In der existentiellen Übereinstimmung zwischen seiner Verkündigung und seiner Person lag seine Glaubwürdigkeit. So heißt es in dem berühmt gewordenen Gedicht, das Pedro Casaldáliga unter dem Eindruck der Ermordung Romeros geschrieben hat: „Niemand wird deine letzte Predigt zum Verstummen bringen."

Romeros Leben und sein Sterben wurden selber zur Predigt, zur Frohen Botschaft. Er gehörte nicht zu denen, die „Herr, Herr" sagen und nichts tun, sondern er stellte sich selbst völlig in den Dienst dessen, was er verkündigte. Für ihn war die gelebte Praxis wichtiger als kluge Theorien.

Die Wahrheit des Evangeliums muss „getan" werden. So formulierte der Dichter Reinhold Schneider, als er nach einer Zeit der Glaubenslosigkeit die Wahrheit des Evangeliums wieder entdeckte: „Unter diesem Anspruch der Wahrheit kehrt sich das Leben um. Dieses Buch kann man nicht lesen, wie man auch die Exerzitien des heiligen Ignatius nicht lesen kann. Man kann es nur tun. Es ist kein Buch. Es ist Lebensmacht. Und es ist unmöglich, auch nur eine Zeile davon zu begreifen, ohne den Entschluss, sie zu vollziehen." In diesem Sinn war Romero Zeuge für das Evangelium. Er hat es nicht nur in seinen Predigten, sondern mit seinem ganzen Leben verkündigt.

Dem entspricht auch, dass Romero sein Selbstverständnis immer wieder in Verbindung mit dem Begriff der Stimme zum Ausdruck brachte: Er wollte Stimme für das Wort Gottes sein und gleichzeitig „Stimme derjenigen, die keine Stimme haben". Wie Johannes der Täufer verstand er sich als „Stimme eines Rufers in der Wüste". Wie Johannes wollte er „geringer" werden, damit Christus wachsen konnte: „Ich möchte nur ein Zeichen sein wie Johannes der Täufer: Die Person verschwindet, damit das ewige Wort der Botschaft Christi wächst."

Er stellte sich in Wort und Tat ganz in den Dienst der Botschaft Jesu. Dabei kommt seinen Predigten eine herausragende Bedeutung zu. Eine Predigt ist „gesprochenes Wort", Sprachereignis. Das Wort ist unlösbar mit der Stimme dessen verbunden, der predigt. Die Stimme ihrerseits ist wiederum an die Person dessen gebunden, der spricht. Deshalb ist es kaum möglich, dass ein Prediger einen Text herunterliest, den er nicht selber verfasst hat. Predigen heißt immer auch, mit der eigenen Person die verkündigten Worte zu bezeugen, für sie mit der eigenen Existenz einzustehen. Predigen heißt Zeugnis geben. Das mag es gewesen sein, was die Menschen spürten, wenn sie von den Predigten Jesu sagten, dass er mit „Vollmacht" redete. Das muss es auch gewesen sein, was die Menschen in El Salvador an den Predigten Romeros so faszinierte.

Romeros Predigten

Romero bereitete seine Sonntagspredigten mit einer äußersten Gewissenhaftigkeit vor. Samstags traf er sich mit einer Gruppe von Beratern, um die Ereignisse der Woche zu analysieren. Bis spät in die Nacht, mitunter sogar bis in die frühen Morgenstunden des Sonntags saß er dann am Schreibtisch. Vor sich hatte er bibelwissenschaftliche Bücher, die ihm halfen, die Schrifttexte historisch und theologisch richtig zu verstehen. Daneben lagen Zeitungsausschnitte und persönliche Notizen. Romero hatte – mit Karl Barth gesprochen – in seiner Predigtvorbereitung wirklich „ein Auge in der Bibel und das andere in der Zeitung". Eine Kurzformel seines Predigtverständnisses lautete: „Ich studiere das Wort Gottes, das am Sonntag gelesen wird; dann schaue ich um mich herum, auf mein Volk; ich stelle meine Umgebung in das Licht dieses Wortes und versuche daraus eine zusammenfassende Sicht zu gewinnen und diese weiterzugeben." Doch es gab für ihn auch noch einen weiteren Bezugspunkt: Immer wieder ging er vom Schreibtisch in die Kapelle, um – wie er es ausdrückte – "im Gespräch mit meinem Gott" die Inhalte seiner Predigt zu klären.

Er überließ nichts dem Zufall. Juan Macho fragte ihn nach seiner Predigt am 23. März 1980 mit dem legendär gewordenen Aufruf an die Soldaten der Armee, ob dies spontan oder geplant gewesen sei. Romero antwortete, dass er sich das sehr gut und lange überlegt habe. Jede seiner Predigten stellte er unter ein großes Thema wie etwa "Gott lädt uns ein, mit ihm zusammen unsere Geschichte zu gestalten" oder "Die Armut der Seligpreisungen als die Kraft der wahren Befreiung des Volkes". Dem klassischen Aufbau einer Predigt entsprechend entfaltete er dieses Thema dann in der Regel in drei Punkten. Trotz der intensiven Vorbereitung arbeitete er seine Predigten aber nicht schriftlich aus. Ein postkartengroßes Blatt mit zwei oder drei Gedankennotizen genügte ihm als Vorlage.

Besonders wichtig war Romero, dass seine Predigten keine lehrmäßigen Irrtümer enthielten. Kardinal Baggio, der Präfekt der Bischofskongregation, bestätigte ihm bei einem Gespräch im Juni 1978 in Rom, er habe einige seiner Predigten gelesen und keine dogmatischen Fehler entdeckt. Sie seien jedoch sehr lang und enthielten sehr konkrete Urteile. Von Rom aus gesehen wäre es offensichtlich besser gewesen, abstrakt zu predigen. Diese Art des Predigens beherrschte der Nuntius. Dies erwähnt Romero in seinem Tagebuch anlässlich einer Predigt des Nuntius in der Kathedrale von San Miguel zum Fest "Unserer Lieben Frau vom Frieden" im November 1979: "Die Kathedrale war dicht besetzt, der Rundfunk übertrug den Gottesdienst, und ich hatte, ehrlich gesagt, gar kein gutes Gefühl, denn um die Predigt, die diesem Volk, das so hungrig nach Orientierung und Inspiration ist, eine Botschaft hätte bringen können, ist es zum größten Teil betrogen worden, weil die Predigt des Herrn Nuntius so farblos und abstrakt war. Ich achte seine Verantwortlichkeit und

Sendung, aber offen gesagt hat er hier die prophetische Rolle der Kirche nicht ausgefüllt."

Wie schon im Zusammenhang mit dem Wettbewerb, der ihn zum Studium nach Rom führte, erwähnt, war Romero in einer besonderen Weise rhetorisch begabt. Die ihn gehört haben, schildern, dass er ruhig und bestimmt redete; nie sei er ins Schreien geraten. Mit seiner warmen Stimme habe er direkt die Herzen seiner Hörer erreicht. Die Predigten Romeros dauerten in der Regel weit über eine Stunde. Von seinen Hörern empfand sie niemand als zu lang. Niemals wiederholte er dieselbe Predigt. Trotz der minutiösen Vorbereitung hatte er auch die bewundernswerte Fähigkeit, sich in seinen Ansprachen der gegebenen Situation anzupassen und notfalls auch zu improvisieren.

Er predigte volksnah, für einfache Menschen verständlich und griff Sprichwörter und Volksweisheiten auf. Um die Korruption im staatlichen Justizwesen anzuprangern, bediente er sich eines Vergleichs, den er von einem Campesino gehört hatte: „Das Gesetz ist wie eine Schlange. Es beißt nur denjenigen, der keine Schuhe hat." Zur Beschreibung des prophetischen Auftrags der Kirche bezog er sich ebenfalls auf die bodenständige Weisheit eines Campesinos, der ihm erklärt hatte: „Monseñor, wenn einer die Hand in einen Topf mit Salzwasser taucht und die Hand gesund ist, dann passiert ihm nichts; aber wenn er eine Wunde hat, oh, dann tut es weh." Dieses Bild beschrieb für Romero genau die Aufgabe und die Wirkung der Kirche in der Welt: „Die Kirche ist das Salz der Erde, und wo es Wunden gibt, muss dieses Salz brennen."

Nie zuvor und auch nie mehr danach war die Kathedrale in San Salvador an den Sonntagen so überfüllt, wie in den Messen Romeros. Für viele Menschen wurde seine Predigt zum wichtigsten öffentlichen Ereignis der Woche. Dank der Rundfunkübertragung erreichte er die Bevölkerung im ganzen Land. Er wurde nicht müde, das Wunder des Rundfunks zu preisen. Die Übertragung der Sonntagsmessen erreichte Einschaltquoten bis zu 75 Prozent.

„Das Wort Gottes muss in der Realität Fleisch werden"

Romero verstand es in seinen Predigten meisterhaft, das Wort der Bibel mit der aktuellen Wirklichkeit in Verbindung zu bringen. „Das Wort Gottes muss in der Realität Fleisch werden", sagte er immer wieder. In verschiedenen Situationen werde so ganz Unterschiedliches und Neues aus der Bibel zutage treten. Man könne nicht dieselbe Predigt in El Salvador, Guatemala oder in Afrika halten. Er betonte aber, dass es sich dabei immer um dasselbe Evangelium handle, so wie es auch dieselbe Sonne sei, welche die ganze Welt mit Licht erfülle. Doch so wie die Sonne in verschiedenen Gegenden der Erde unterschiedliche Blumen und Früchte hervorbringe, so müsse auch das Wort Gottes in verschiedenen Situationen immer wieder neu Fleisch werden. Romero beschrieb mit diesem schönen Bild, was Theologen die „Kontextualisierung" der Bibel nennen.

Predigen hieß für ihn also, „die Bibel mit der Aktualität in Verbindung bringen, das ewige Wort Gottes in die heutige Geschichte der Menschen inkarnieren". Es ging darum, „zum Ausdruck zu bringen, dass das vorgelesene Wort Gottes keine Geschichte der Vergangenheit ist, sondern sich hier mitten unter uns verwirklicht". Romero ging dabei nicht fundamentalistisch mit der Bibel um. Er suchte nicht nach wörtlichen Anwendungen oder Entsprechungen, sondern nach Licht und Inspiration.

Mit diesem Schlüssel hatte auch Jesus die Bibel gelesen und in seinen Predigten für die Zuhörer geöffnet. Der Evangelist Lukas berichtet über die erste Predigt Jesu in der Synagoge von Nazaret. Man reicht ihm das Buch des Propheten Jesaja, und er findet die Stelle, in der es heißt: „Der Geist des Herrn ruht auf mir; denn der Herr hat mich gesalbt. Er hat mich gesandt, damit ich den Armen eine gute Nachricht bringe; damit ich den Gefangenen die Entlassung verkünde und den Blinden das Augenlicht; damit ich die Zerschlagenen in Freiheit setze und ein Gnadenjahr des Herrn ausrufe." Die anschließende Predigt Jesu fasst Lukas in den Worten zusammen: „Heute hat sich das Schriftwort, das ihr eben gehört habt, erfüllt" (Lk 4, 16–21). Jesus hat also auch einen Bezug hergestellt zwischen dem Prophetentext aus der Vergangenheit und seiner aktuellen Situation. So verstanden ist die Bibel keine Sammlung von Geschichten aus früheren Zeiten, sondern das sich hier und jetzt ereignende Wort Gottes.

Die Ereignisse der Woche

An die Auslegung der Schriftlesungen schloss sich in den Predigten Romeros das an, was er „Hechos de la semana" – „Ereignisse der Woche" nannte. Er berichtete hier vor allem von vorgefallenen Gewalttaten und Menschenrechtsverletzungen. Dabei nannte er, so weit möglich, die Namen von Verschleppten, Misshandelten und Ermordeten. Dahinter stand die Arbeit eines Teams von Juristen, das die Menschenrechtsverletzungen dokumentierte. Bei der systematischen Desinformation durch die von der Regierung und der Oligarchie kontrollierten Medien wurden diese Nachrichten zur wichtigsten Informationsquelle im Land. Wie sich wiederholt zeigte, hörten auch der Präsident und die Armeeführer Romeros Predigten und die „Ereignisse der Woche".

Doch Romero verstand diese nicht bloß als Nachrichten, sondern als Zeichen der Zeit, in denen Gegenwart und Absicht Gottes für die ganz konkreten Verhältnisse in El Salvador sichtbar wurden. Romero war zutiefst überzeugt, dass Gott sich auch durch geschichtliche Ereignisse mitteilt und dass die Bibel nur in Verbindung mit der Geschichte im Vollsinn Wort Gottes ist. Wenn etwa die alttestamentlichen Propheten im Namen Gottes Unrecht und Ausbeutung in Israel anklagten, dann wendete Romero diese Texte auch auf die Unrechtsverhältnisse in El Salvador an: Es ist eine Beleidigung Gottes, wenn ganz wenige alles und die vielen nichts besitzen. Und Gott fordert durch seine Propheten eine Veränderung dieser Verhältnisse.

Er wehrte sich gegen den Vorwurf, die „Ereignisse der Woche" hätten nichts mit dem Verkündigungsauftrag der Kirche zu tun: „Es ist die Pflicht desjenigen, der wirklich das Wort Gottes meditiert, die Zeichen der Zeit mit dem Wort Gottes zu erhellen, um der Geschichte und dem gegenwärtigen Zeitpunkt den transzendenten Sinn zu geben, der ihn mit Gott eint und ihn auf Gott hin orientiert."

Wenn man das Wort Gottes dergestalt mit der Gegenwart in Verbindung bringt, dann entfaltete es eine eigene Aktualität und Brisanz: „Predigen ist relativ leicht... Aber wenn es darum geht, diese Lehre Fleisch und lebendig werden zu lassen in einer Diözese und einer Gemeinde, und wenn man die konkreten Dinge nennt, die im Widerspruch zu dieser Lehre stehen, dann entstehen Konflikte." Konflikte erzeugt die Verkündigung des Wortes Gottes dann, wenn mit ihm die Sünden und die Missstände anklagt werden, so wie das die Propheten gemacht haben. Doch es gehört zur prophetischen Mission der Kirche, inmitten der generalisierten Lüge die Wahrheit zu sagen.

Ein unerklärbarer Rest

Auch wenn man Romeros Predigten theologisch, rhetorisch und kommunikationstheoretisch analysieren würde, so bliebe in ihrer Wirkung immer noch ein Rest, der sich nicht erklären lässt. Romero selber wies darauf hin, als Kommunikationsfachleute sich mit seinen Predigten beschäftigten und versuchten, ihrer Wirkung auf die Spur zu kommen: „Man gibt sich oft keine Rechenschaft über solche technischen Aspekte, die Sie kennen, aber man weiß, dass die Gnade des Heiligen Geistes seine Kirche leitet und ihr Wort fruchtbar macht. Ihm schreibe ich den ganzen Erfolg zu, den Sie in jener Predigt gefunden zu haben glauben, wie überhaupt in meiner ganzen Seelsorgearbeit. Ich vertraue auf den Heiligen Geist und versuche, sein Instrument zu sein, das Volk zu lieben und ihm vom Evangelium aus ehrlich zu dienen."

Dass der Heilige Geist in Romeros Predigten mit im Spiel war, bezeugte auch Inocencio Alas in seinen Erinnerungen an die „einzige Messe" nach der Ermordung von Rutilio Grande: „Zu Beginn sah ich Monseñor Romero schwitzend, bleich und nervös. Und als er die Predigt begann, schien er mir verlangsamt, ohne die gewohnte Eloquenz, als ob er zögerte, durch die Tür zu treten, die die Geschichte und Gott vor ihm öffneten. Aber nach etwa fünf Minuten spürte ich, dass der Geist Gottes über ihn herabkam."

Rafael Urrutía äußerte sich in einer ähnlichen Weise zu der häufig wiederholten Behauptung, andere hätten ihm die Predigten geschrieben: „Ich muss lachen, wenn jemand, der ihn nicht gekannt hat, meint, die Predigten von Monseñor Romero seien von anderen Leuten geschrieben und bloß von ihm vorgelesen worden. Wenn sie ihm jemand geschrieben hat, dann der Heilige Geist."

Aber es blieben ihm auch Zweifel nicht erspart, ob seine Worte letztlich nicht doch in den Wind geredet waren. Einmal griff er die Metapher auf, die Simon Bolivar am Ende seines Lebens geprägt hat: „Unser Predigen gegen den Strom kommt mir vor, als würde ich das Meer pflügen." Doch viele seiner Zuhörer spürten die Bedeutung seiner Predigten auch über den Augenblick hinaus. Maria Julía Hernández fertigte ausgehend von Bandaufnahmen erste Abschriften an und brachte sie in Buchform heraus. Als sie ihm die ersten Bände übergibt, schreibt er im Tagebuch: „Ich habe ihr gedankt und sie zu diesem Werk der Verbreitung meiner Gedanken beglückwünscht, denn ich glaube, sie tut damit etwas Gutes. Und wenn ich heute die drei vornehm gebundenen Bände vor mir habe, wird mir die Inspiration klar, mit der der Heilige Geist sein Wort in unserem Erzbistum beseelt. Gelobt sei Gott! Möge der Herr diese Saat seines Wortes segnen und die Wirklichkeit erleuchten, die wir Woche für Woche mit seinem göttlichen Wort zu erhellen suchen."

Wenn wir im Folgenden der Spiritualität Romeros nachzugehen versuchen, dann beziehen wir uns immer wieder auf die Predigten. Doch dabei ist stets im Bewusstsein zu halten, was wir über die Einheit von Wort und Lebensvollzug gesagt haben: Romero hat seine Predigten mit seinem Leben bezeugt und mit seinem Blut besiegelt.

Bekehrung oder Entwicklung?

Der Geist Gottes wirkt im Leben von Menschen besonders in seiner verändernden und erneuernden Kraft. In vielen Biographien von Heiligen zeigt sich dies in den Bekehrungen, wo Gott ihrem Leben eine ganz neue Richtung gibt. Saulus fällt vor Damaskus wie vom Blitz getroffen zu Boden und hört eine Stimme zu ihm sagen: „Saul, Saul, warum verfolgst du mich?" Er begegnet Jesus. Und er wird vom fanatischen Verfolger zum glühenden Nachfolger Jesu. Aus Saulus wird Paulus. Dem Leben des Iñigo de Loyola gibt die Kanonenkugel, die in einer Schlacht sein Bein zertrümmert, eine neue Richtung. Auf dem Krankenlager beschließt er, sein Leben grundlegend zu ändern. Aus einem Karriereoffizier wird der Gründer der Gesellschaft Jesu. Aus Iñigo wird Ignatius. Später sagt er: „Wenige Menschen ahnen, was Gott aus ihnen machen würde, wenn sie sich der Führung seiner Gnade rückhaltlos übergäben." Es ließen sich noch viele weitere Beispiele aus der Geschichte des Christentums und auch aus anderen Religionen für solche Bekehrungen und radikale Veränderungen im Leben von Menschen anführen, die zu Meistern der Spiritualität geworden sind.

Bekehrung als Prozess

In der Darstellung des Lebensweges Oscar Romeros wurde deutlich, dass es auch bei ihm eine grundlegende Veränderung gab. Doch bis heute wird kontrovers diskutiert, ob es angemessen ist, dabei von einer Bekehrung zu sprechen. Die Frage ist natürlich, was man unter „Bekehrung" versteht. Selten verlaufen Bekehrungen so spektakulär und plötzlich, wie dies bei Paulus der Fall gewesen zu sein scheint. Doch wahrscheinlich war es auch bei Paulus so, dass seine Bekehrung ihre Vorgeschichte hatte. Er muss sich doch mit den Inhalten der neuen Lehre der Christen auseinander gesetzt haben, die er so fanatisch bekämpfte. Aus den Überlieferungen weiß man auch, dass er im Anschluss an die Erfahrung vor Damaskus eine längere Zeit in der Wüste verbrachte, bevor er zum Völkerapostel wurde. Es scheint, dass sich also in der Bekehrung des Paulus vor Damaskus etwas verdichtet und kristallisiert hat, was seine Vorgeschichte hatte und auch noch eine Zeit der Reifung brauchte. Bekehrung kann nicht bedeuten, dass Gott gewaltsam in das Leben eines Menschen eingreift. Bekehrung ist ein Zusammenwirken von der Gnade Gottes und der Freiheit des Menschen. Ignatius spricht in dem erwähnten Satz davon, dass sich der Mensch der Führung der göttlichen Gnade *übergibt*.

Hören wir noch einmal auf Menschen, die Romeros Veränderung miterlebt haben, die ihn vor und nach seiner Bekehrung kannten. Zu ihnen zählt Carmen Alvarez, deren Kinder Anfang der 70er Jahre in das Gymnasium der Jesuiten gingen. Nach den bereits erwähnten Attacken, die Romero gegen diese Schule geführt hatte, suchte sie ein Gespräch mit ihm, da sie die von ihm erhobenen Vorwürfe nicht teilte. Doch sie stieß auf taube Ohren. Ihre Eindrücke fasst sie so zusammen: „Er schien mir ein Mensch, der in den Wolken schwebte und irgendwo außerhalb der Realität lebte."

Romero hatte in dieser Zeit nicht nur den Kontakt zur Realität, sondern auch zum einfachen Volk von El Salvador verloren. So schreibt Ignacio Ellacuría: „Seine pastorale Verkündigung sprach eine kleine Elite an, die aus dem Opus Dei hervorging, oder auch klassische Gruppen der christlichen Familienbewegung. Aber das Leid und Elend des Volkes bedeutete ihm nicht soviel, und er bedeutete kaum etwas für das Volk."

Arturo Rivera y Damas, sein Nachfolger als Erzbischof von San Salvador, zählt zu den Menschen, die Romero am besten kannten. Er erklärt sich ausdrücklich einverstanden mit denen, die von einer „Bekehrung" Romeros in dem Augenblick sprechen, als er die pastorale Leitung der Erzdiözese von San Salvador übernahm. Doch er sieht diese Bekehrung nicht als ein spektakuläres und plötzliches Ereignis wie diejenige des Paulus vor Damaskus, sondern als das Ergebnis einer langsamen und fortschreitenden Reifung während seines ganzen Lebens.

Aber auch in einem langsamen und kontinuierlichen Veränderungsprozess gibt es wichtige Stationen, wo sich neue Einsichten ergeben, wo sich bisher so nicht gesehene Zusammenhänge herstellen. In diesem Sinn war die wichtigste Station auf dem Weg von Romeros Entwicklung die Ermordung von Rutilio Grande. Rivera y Damas interpretiert diese für Romero so einschneidende Erfahrung mit den Worten: „Ein Märtyrer hat einem anderen Märtyrer das Leben geschenkt. Vor dem Leichnam Rutilio Grandes verspürte Monseñor Romero an seinem zwanzigsten Tag als Erzbischof den Ruf Christi, seine natürliche menschliche Schüchternheit zu überwinden und sich mit der Unerschrockenheit des Apostels zu erfüllen. Von jenem Augenblick an hat Romero die heidnische Gegend von Tyros und Sidon verlassen und ist entschlossen nach Jerusalem gegangen."

Auch Jon Sobrino sieht die Bekehrung Romeros im Zusammenhang mit der Ermordung von Rutilio Grande: „Ich glaube, dass es Bischof Romero vor dem Leichnam von Rutilio wie Schuppen von den Augen fiel: Rutilio hatte Recht! Die Art der Pastoral, der Kirche und des Glaubens, die Rutilio vorangetrieben hatte, waren richtig. Mehr noch: Wenn Rutilio wie Jesus starb, wenn er seine große Liebe bewies, indem er sein Leben für seine Brüder hingab, heißt das, dass auch sein Leben und sein Handeln demjenigen von Jesus ähnlich waren. Rutilio lebte die Nachfolge Jesu vorbildlich. Romero zog daraus den Schluss, dass nicht Rutilio Grande sich geirrt hatte, sondern er selber; dass nicht Rutilio sich bekehren musste, sondern er, Oscar Romero."

Ein neuer Mensch

Dass sich in Romero im Anschluss an die Ermordung von Rutilio Grande eine grundlegende Veränderung vollzogen hat, wird von fast allen bestätigt, die mit ihm zu tun hatten. Juan Hernández Pico drückt es so aus: „Wir standen vor einem ‚neuen Menschen', neu geschaffen, befreit. Wir hatten ihn als furchtsamen, ausweichenden Menschen gekannt und wir trafen ihn nun kraftvoll gegenüber dem Staat und vor seinem Volk wieder." Auch Jon Sobrino bestätigt dies: „Drei Monate nach seiner Ernennung war Bischof Romero ein anderer, ein veränderter Bischof."

Kann man diese Veränderung als Bekehrung bezeichnen? Romero selber hat zu dieser Frage Stellung bezogen. Eigentlich gefiel es ihm nicht, wenn andere von seiner Bekehrung redeten. „Wäre ich doch bekehrt!", pflegte er dann zu antworten. Bei seiner großen Pressekonferenz während der Bischofsversammlung in Puebla fügte er hinzu: „Bekehrt werden heißt sich dem wahren Gott zuwenden, und in diesem Sinne meine ich, dass mein Kontakt mit den Armen, mit den Bedürftigen, mir je länger je mehr zeigt, wie sehr ich Gottes bedarf."

Hier wird der enge Zusammenhang zwischen seiner Beziehung zu Gott und seiner Beziehung zu den Armen deutlich. Den Weg zum wahren Gott haben ihm die Armen gezeigt. Damit berühren wir schon einen Lebensnerv von Romeros Spiritualität. Von den einfachen Menschen lernte er, sein Vertrauen ganz auf Gott zu setzen, von ihm alles zu erwarten.

In ihrem Gottvertrauen zeigen die Armen Romero, wie sehr er selber auf Gott angewiesen ist. In einer sehr schönen Formel brachte er das einmal so zum Ausdruck: „Ich habe Gott kennen gelernt, weil ich mein Volk kennen gelernt habe." Die Armen vermittelten ihm auch eine lebendige Begegnung mit Jesus. Hatte Jesus doch selber gesagt, dass er in den Bedürftigen und Notleidenden aller Zeiten in der Geschichte gegenwärtig ist. So führt Sobrino aus, „dass Romero in den Armen das finden musste, was der Prophet Jesaja über den leidenden Gottesknecht und Paulus über den gekreuzigten Christus sagen: In ihnen ist Licht und Rettung". Darin liegt für Sobrino das tiefste Geheimnis von Romero.

Rückkehr zu den Wurzeln

Die Frage von Romeros Bekehrung wurde auch zum Thema in einem schwierigen Gespräch mit Kardinal Baggio in Rom. Der Präfekt der Bischofskongregation machte es ihm zur Vorhaltung, dass er seine Veränderung als „Bekehrung" beschreibe. Romero antwortete darauf: „Was in meinem priesterlichen Leben geschehen ist, habe ich mir selber als eine Entwicklung des schon immer gehegten Wunsches zu erklären versucht, dem treu zu sein, was Gott von mir verlangt. Wenn ich früher den Eindruck erweckt habe, ‚diskreter' und ‚spiritueller' zu sein, so deshalb, weil ich ernsthaft glaubte, dass ich auf diese Weise dem Evangelium entspreche; denn die Umstände meines Amtes hatten damals nicht die pastorale Tapferkeit gefordert wie die Bedingungen, unter denen ich Erzbischof wurde."

In seiner persönlichen Veränderung drückt sich also sein Wunsch aus, dem treu zu sein, was Gott von ihm verlangt. In verschiedenen Umständen kann Gott Unterschiedliches von einem Menschen verlangen. Immer geht es darum, in der jeweiligen Situation dem Evangelium zu entsprechen. Interessant ist, dass Romero betont, er habe früher den *Eindruck* erweckt, „diskreter" und „spiritueller" zu sein. Dies hing damit zusammen, dass die damaligen Umstände nicht die „pastorale Tapferkeit" forderten, wie sie von ihm als Erzbischof gefordert wurden.

Den Aspekt der Entwicklung als Antwort auf sich ändernde Umstände hebt er auch im Gespräch mit einem Schweizer Journalisten hervor, der ihn fragte, warum er sich von einem konservativen zu einem progressiven Bischof gewandelt habe: „Ich glaube nicht, dass ein grundlegender Wandel stattgefunden hat. Es war eher eine Entwicklung im Einklang mit sich ändernden Umständen."

Das umfassendste Zeugnis über seine Veränderung gibt Romero in einem Gespräch mit dem damaligen Provinzial der zentralamerikanischen Jesuiten César Jerez während seines ersten Rombesuchs als Erzbischof im April 1977. Wir haben Teile daraus schon verschiedentlich angeführt. Doch wegen der großen Bedeutung dieses Textes für das Verständnis von Romeros Entwicklung soll er hier noch einmal ausführlich und zusammenhängend zitiert werden. César Jerez schildert das Gespräch sehr anschaulich:

„Wir gingen über die Via della Conciliazione. Im Hintergrund die Kuppel der Peterskirche. Es war schon später Abend. Ich fühlte, dass die Kühle, das Dunkel, das Schweigen die Vertraulichkeit förderten. Und so wagte ich es, ihn zum Sprechen zu ermuntern.

‚Monseñor, Sie haben sich geändert, das merkt man an allem... Was ist geschehen?'

Ich fiel einfach mit der Tür ins Haus.

‚Warum haben Sie sich geändert, Monseñor?'

‚Schauen Sie, Padre Jerez, ich selbst habe mir diese Frage schon im Gebet gestellt...' Er blieb stehen und verstummte.

‚Und haben Sie eine Antwort gefunden, Monseñor?'

‚Eine gewisse, ja... Ein Mensch hat seine Wurzeln... Ich bin in einer sehr armen Familie geboren. Ich habe Hunger gelitten, ich weiß, was es heißt, von klein auf zu arbeiten... Als ich ins Seminar eintrat und meine Studien begann und man mir sagte, ich solle sie hier in Rom beenden, habe ich Jahr um Jahr zwischen Büchern verbracht und meine Herkunft ganz vergessen. Ich habe mir eine andere Welt geschaffen. Danach bin ich nach El Salvador zurückgekommen, und man hat mich zum Sekretär des Bischofs von San Miguel gemacht. 23 Jahre lang war ich Pfarrer dort und wieder in Papierkram versunken. Und als ich dann Weihbischof von San Salvador wurde, fiel ich dem Opus Dei in die Hände! Und da war ich nun...'

Wir setzten unseren Weg gemächlich fort. Mir schien, Romero hatte Lust weiterzureden.

‚Dann schickten sie mich nach Santiago de María, und dort stieß ich wieder auf das Elend. Bei den Kindern, die allein schon an dem Wasser sterben, das sie getrunken haben, bei den Campesinos, die sich bei der Ernte zugrunde richten... Sie wissen ja, Padre, Kohle, die einmal Glut gewesen ist, fängt beim kleinsten Windhauch wieder Feuer. Und es war ja nicht gerade wenig, was da in der Sache mit Pater Grande passiert ist. Sie wissen, dass ich ihn sehr gemocht habe. Als ich den toten Rutilio ansah, dachte ich: Wenn sie ihn für das umgebracht haben, was er getan hat, dann muss ich denselben Weg gehen wie er... Ich habe mich geändert, ja, aber ich bin auch zurückgekehrt.'

Schweigend gingen wir noch eine kleine Weile weiter. Der junge Mond setzte seinen Lichtakzent in den römischen Himmel."

Kann man auf diesem Hintergrund nun von einer Bekehrung im Leben Romeros sprechen? Versteht man unter Bekehrung die Abwendung vom Bösen, so wäre es sicher falsch, die Entwicklung Romeros als Bekehrung zu beschreiben. Er wusste zwar selber am besten, dass er ein Sünder war, und legte großen Wert darauf, regelmäßig zur Beichte zu gehen. Doch in der Grundausrichtung seines Lebens hatte er eine Bekehrung in diesem Sinn nicht notwendig.

Verstehen wir Bekehrung als Übergang „vom Guten zum je Besseren", wie das Ignatius von Loyola in den Exerzitien in den Regeln zur Unterscheidung der Geister schreibt, dann treffen wir schon eher die Entwicklung Romeros. Bekehrung heißt für ihn Hinwendung zu Gott in dem Sinn, dass er in der jeweiligen Situation danach sucht, was Gott von ihm wollte. Nicht als Abwendung vom Bösen zum Guten, „sondern als radikale Veränderung im Anstreben und Verwirklichen des Willens Gottes" – darin sieht Jon Sobrino die Bekehrung Romeros in der Nacht der Ermordung Rutilio Grandes und seiner Begleiter: „Dieser Wille Gottes wurde ihm ganz neu bewusst – vor den Leichen der drei Ermordeten und den 300 Bauern, die ihre Augen auf Romero richteten und ihn so ohne Worte fragten, was er nun zu tun gedenke."

Bekehrung bedeutet für Romero also, sich Gott zuzuwenden. Seine Zuwendung zu Gott steht für ihn in einem unlösbaren Zusammenhang mit seiner Zuwendung zu den Armen. Im Umgang mit ihnen und in der Konfrontation mit ihrem Elend erkennt er den Willen Gottes, der darin besteht, sich für das Leben der Armen und Gerechtigkeit einzusetzen. Diese Erfahrung gibt seinem Leben eine neue Richtung. Romeros Bekehrung war kein plötzliches Ereignis, keine Wende um 180 Grad, sondern ein stetiger Prozess des Suchens, was Gott von ihm in der jeweiligen Situation wollte. Ricardo Urioste hat mir einen Schlüssel dafür gegeben, wie man Romeros Bekehrung vertieft von der Bibel her verstehen kann.

Das neue Sehen

Urioste verglich die Veränderung Romeros mit der Blindenheilung, wie sie der Evangelist Markus berichtet: In Betsaida bringt man einen Blinden zu Jesus, der ihn bittet, er möge ihn berühren. Jesus nimmt den Blinden bei der Hand, führt ihn vor das Dorf hinaus, bestreicht seine Augen mit Speichel, legt ihm die Hände auf und fragt ihn: „Siehst du etwas?" Der Mann blickt auf und sagt etwas rätselhaft: „Ich sehe Menschen; denn ich sehe etwas, das wie Bäume aussieht und umhergeht." Der Blinde sieht, aber er sieht die Dinge noch nicht richtig. Jesus legt ihm nochmals die Hände auf die Augen, und nun sieht der Mann deutlich. „Er war geheilt und konnte alles genau sehen", unterstreicht dies Markus noch einmal ausdrücklich (Mk 8, 22–26).

Das neue Sehen in der Bibel

Das richtige Sehen und Hören ist ein immer wiederkehrendes Motiv in der Bibel. So richtet sich Jesus unmittelbar vor der eben geschilderten Blindenheilung an seine Jünger mit der Frage: „Habt ihr denn keine Augen, um zu sehen, und keine Ohren, um zu hören?" Jesus zitiert damit fast wörtlich eine Stelle aus dem Propheten Jeremia: „Hör das, du törichtes Volk ohne Verstand: Augen haben sie und sehen nicht; Ohren haben sie und hören nicht... Dieses Volk aber hat ein störrisches, trotziges Herz. Sie wichen vom Weg ab und gingen davon" (Jer 5, 21.23). Und ganz ähnlich sagt auch Jesaja zum Volk Israel: „Hören sollt ihr, hören, aber nicht verstehen. Sehen sollt ihr, sehen, aber nicht erkennen. Verhärte das Herz dieses Volkes, verstopf ihm die Ohren, verkleb ihm die Augen, damit es mit seinen Augen nicht sieht und mit seinen Ohren nicht hört, damit sein Herz nicht zur Einsicht kommt und sich nicht bekehrt und nicht geheilt wird" (Jes 6,9).

Sinn und Zweck seiner Gleichnisse erklärt Jesus folgendermaßen: „Deshalb rede ich zu ihnen in Gleichnissen, weil sie sehen und doch nicht sehen, weil sie hören und doch nicht hören." An ihnen, so heißt es weiter, erfüllt sich die Weissagung des Jesaja: „Hören sollt ihr, aber nicht verstehen; sehen sollt ihr, sehen, aber nicht erkennen. Denn das Herz dieses Volkes ist hart geworden, und mit ihren Ohren hören sie nur schwer, und ihre Augen halten sie geschlossen, damit sie mit ihren Augen nicht sehen und mit ihren Ohren nicht hören, damit sie mit ihrem Herzen nicht zur Einsicht kommen, damit sie sich nicht bekehren und ich sie nicht heile" (Mt 13,15).

Der Evangelist Johannes erwähnt diese Stelle aus dem Buch des Propheten Jesaja im Zusammenhang mit dem Unglauben, dem Jesus trotz so vieler Zeichen, die er vor ihren Augen getan hatte, begegnet: „Er hat ihre Augen blind gemacht und ihr Herz hart, damit sie mit ihren Augen nicht sehen und mit ihrem Herzen nicht zur Einsicht kommen, damit sie sich nicht bekehren und ich sie nicht heile" (Joh 12,40). Auch Paulus übernimmt diese Worte Jesajas ganz am Ende der Apostelgeschichte im Zusammenhang mit dem nur geringen Erfolg, den er mit seiner Verkündigung in Rom hatte.

Bei der Häufigkeit, mit der dieser Text zitiert wird, ist es nicht übertrieben, ihn als einen Schlüsseltext der Bibel anzusehen. Sowohl im Alten als auch im Neuen Testament bringt er etwas Entscheidendes über die Beziehung der Menschen zu Gott und seiner Offenbarung zum Ausdruck. Interessant ist, dass in allen angeführten Schriftstellen neben dem Sehen und dem Hören immer auch das Herz und die Bekehrung erwähnt werden. Dabei ist von der Verhärtung des Herzens die Rede und als Folge davon, dass die Betroffenen mit ihrem Herzen nicht zur Einsicht kommen. Es gibt verschiedene Weisen des Sehens. Ein bloß oberflächliches Sehen erkennt die eigentliche Tiefe und Bedeutung der Dinge nicht. Für die Bibel hat das richtige Sehen etwas mit dem Herzen zu tun.

In den Seligpreisungen im Matthäusevangelium wird denen, die ein reines Herz haben, verheißen, dass sie Gott schauen werden. Der kleine Prinz von Antoine de Saint-Exupéry sagt sogar: „Man sieht nur mit dem Herzen gut." Diese Einsicht des Herzens steht in den erwähnten Schriftstellen im Zusammenhang mit der Bekehrung. Die Blindheit und die Verhärtung des Herzens haben zur Folge, dass die Menschen sich nicht bekehren. Eine letzte Konsequenz daraus ist, dass sie so auch nicht geheilt werden können.

Augen der Barmherzigkeit

Das richtige Sehen spielt auch eine entscheidende Rolle in einem anderen Evangelientext, der von zentraler Bedeutung in den Predigten und im Leben Romeros ist: das Gleichnis vom barmherzigen Samariter. Jesus erzählt es im Gespräch mit einem Gesetzeslehrer, der ihm die Frage stellte: „Meister, was muss ich tun, um das ewige Leben zu gewinnen?" Jesus fragt zurück: „Was steht im Gesetz? Was liest du dort?" Der Gesetzeslehrer antwortet: „Du sollst den Herrn, deinen Gott, lieben mit ganzem Herzen und ganzer Seele, mit all deiner Kraft und deinen Gedanken und: Deinen Nächsten sollst du lieben wie dich selbst." Darin kommt die innerste Mitte der Botschaft Jesu zum Ausdruck: Einheit von Gottesliebe und Nächstenliebe. Darauf kommt es für Jesus im Letzten an. Doch der Gesetzeslehrer fragt weiter: „Und wer ist mein Nächster?" Darauf antwortet ihm Jesus mit dem Gleichnis vom barmherzigen Samariter: Ein Mann, der von

Jerusalem nach Jericho ging, wird von Räubern überfallen, ausgeraubt, zusammengeschlagen und halbtot liegen gelassen. Zufällig kommt ein Priester des Wegs, von dem es heißt: „Er *sah* ihn und ging weiter." Ebenso heißt es von einem vorbeikommenden Leviten: „Er *sah* ihn und ging weiter." Dann kommt ein Mann aus Samarien, der anders reagiert: „Als er ihn *sah*, hatte er Mitleid."

Sowohl der Priester als auch der Levit *sehen* den Verletzten, doch sie gehen weiter. Der Samariter sieht auf eine andere Weise: mit den Augen des Mitleids, den Augen des Herzens. Er spürt sozusagen am eigenen Leib die Schmerzen des anderen. Mit diesem Sehen verbindet sich Mitleid, und auf das Mitleid folgt die helfende und heilende Tat: „Er ging zu ihm, goss Öl und Wein auf seine Wunden und verband sie." Doch damit noch nicht genug: „Dann hob er ihn auf sein Reittier, brachte ihn zu einer Herberge und sorgte für ihn." Der Samariter belässt es aber nicht nur bei der unmittelbaren Nothilfe, sondern er hilft auch noch darüber hinaus. Denn am anderen Morgen, so heißt es, gibt er dem Wirt zwei Denare, um für den Verwundeten zu sorgen. Selbst damit ist die Geschichte für den Samariter noch nicht zu Ende. „Falls du mehr Geld brauchst", so versichert er dem Wirt, „werde ich es dir bezahlen, wenn ich wieder komme."

Jesus lässt den Gesetzeslehrer selber die Lehre aus diesem Gleichnis ziehen: „Was meinst du: Wer von diesen dreien hat sich als der Nächste dessen erwiesen, der von den Räubern überfallen wurde?" Dieser antwortet: „Der, der barmherzig an ihm gehandelt hat." Darauf sagt Jesus zu ihm: „Dann geh und handle genauso" (Lk 10, 25–37).

Es ist kein Wunder, dass dieses Gleichnis für Romero eine zentrale Bedeutung hatte und immer wieder in seinen Predigten vorkommt. „Das Land ist verwundet und braucht einen guten Samariter", sagte er einmal. Die Haltung der Kirche gegenüber den Armen El Salvadors sollte der des Samariters entsprechen. Romero sah mit neuen Augen, mit den Augen des Mitleids und der Barmherzigkeit das Leiden der Armen. Und er ging zu ihnen und stellte sich ganz in den Dienst ihrer Heilung und Befreiung.

Das neue Sehen bei Romero

Urioste berührte mit seinem Hinweis auf die Blindenheilung im Evangelium und auf das „neue Sehen" den Kern der Entwicklung Romeros. Das richtige Sehen, das Bild der geöffneten Augen oder der neuen Augen tauchen tatsächlich in vielfältigen Varianten auf, wenn Romero selbst oder auch andere über den Prozess seiner Wandlung sprechen.

Lange hat Romero zwar die Armut und das Elend in El Salvador gesehen – und doch nicht gesehen. Während seiner Zeit in San Miguel und auch noch als Bischof von Santiago de María reagierte er darauf mit Werken der Barmherzigkeit, mit karitativer Nothilfe. Doch er sah nicht, dass er damit eigentlich nur die Symptome kurierte und nicht die Ursachen. Dafür mussten ihm die Augen erst noch geöffnet werden.

Für Jon Sobrino ist nun genau dies im Zusammenhang mit der Ermordung von Rutilio Grande geschehen: „Ich glaube, dass es Bischof Romero vor dem Leichnam von Rutilio wie Schuppen von den Augen fiel: Rutilio hatte Recht!" Und auch Salvador Carranza, der mit Grande in Aguilares zusammengearbeitet hatte, schreibt: „Die Erschütterung des Volkes und der Schmerz des verlorenen Freundes öffneten die Augen von Monseñor Romero weit über das hinaus, was man zu hoffen gewagt hätte. Wenn er einige Zweifel an der pastoralen Arbeit von Tilo gehegt hatte, so fiel es ihm nun wie Schuppen von den Augen, die ihn bis zum Anblick des von Kugeln durchsiebten Tilo nicht klar sehen ließen."

Am eindrücklichsten beschreibt Ignacio Ellacuría das neue Sehen, zu dem Romero durch die Ermordung Rutilio Grandes geführt wurde: „Die Schleier, die ihm die Wahrheit verhüllt hatten, zerrissen, und die neue Wahrheit begann sich seines ganzen Wesens zu bemächtigen. Der Auslöser war nicht der absichtliche Wunsch, sich zu verändern, sondern es war eher eine Art Verwandeltwerden. Es ging ihm etwas auf, was er vorher nicht gesehen hatte, trotz seines guten Willens und seiner lauteren Absicht, trotz der Stunden, die er im Gebet verbrachte, und der Rechtgläubigkeit, die er bewahrt hatte, trotz seiner Treue dem kirchlichen Lehramt und dem Vatikan gegenüber. Das Licht ergriff Macht über ihn und formte ihn um. Nicht, dass er sich von sich aus verändert hätte und sich etwas klargemacht hätte, das er vorher nicht gesehen hatte; vielmehr hat er etwas gesehen, etwas objektiv Neues, und das hat ihn verändert."

Auch Romero selber hat sich verschiedentlich das Bild der „neuen Augen" und des „neuen Sehens" zu Eigen gemacht, um die Veränderungen zu beschreiben, die sich in der Kirche El Salvadors vollzogen. In seinem zweiten Hirtenbrief stellte er fest, dass die grundlegende Veränderung der Kirche in den vorangegangenen Jahren darin bestand, dass sie die Welt mit neuen Augen betrachtete, und zwar auf zwei Arten: „Einmal, um die Welt herauszufordern in Bezug auf das Sündhafte in ihr, andererseits aber auch, um sich von dieser Welt herausfordern zu lassen, angesichts des Sündhaften in der Kirche selber."

In einer Predigt über die Bekehrung, wie Johannes der Täufer sie forderte, unterstreicht er als einen wichtigen Aspekt die falsche Weise, wie man die Welt und die Menschen sieht, zu ändern. Diese neue Sehweise ist für ihn die Voraussetzung dafür, dass Bekehrung auch zu sozialen Veränderungen führt.

In seinem Vortrag in Löwen zitiert er sinngemäß die Worte aus dem Buch Exodus: „Das Schreien meines Volkes ist zu mir gedrungen, und ich habe die Bedrängnis gesehen, mit der man es quält." Daran schließt er den Kommentar an: „Diese Worte aus der Heiligen Schrift haben uns die Augen geöffnet, so dass wir nun erkennen, was sich immer schon bei uns zutrug, aber oft verborgen war, sogar dem Blick der Kirche selbst. Wir haben gelernt zu sehen, was das erste, fundamentale Unrecht in unserer Welt ist, und haben es als Seelsorger in Medellín verurteilt: ‚Dieses Elend als Massenerscheinung ist eine Ungerechtigkeit, die zum Himmel schreit.'"

Es ließen sich noch weitere Beispiele aus den Predigten Romeros für die grundlegende Bedeutung des „neuen Sehens" anführen. Dabei geht es immer wieder um dasselbe: Romero wurden die Augen geöffnet, die Wirklichkeit so zu sehen, wie sie ist. Er lernte Gottes Gegenwart, seine Pläne und sein Handeln in der Geschichte zu sehen. Und er lernte in den Armen, in seinem Volk die Gegenwart Jesu zu sehen. Er sah Zusammenhänge, die er zuvor so nicht gesehen hatte. So sagt Ricardo Urioste zu Recht: „Wenn jemand wissen will, warum Monseñor Romero so lebte, redete und liebte, wie er es getan hat, dann scheint mir die Antwort zu sein, dass ihm geschenkt wurde, das Volk und seinen Gott in der größten Tiefe ihrer Wirklichkeit zu ‚sehen'. Ihm wurde die Gnade einer ‚Erscheinung' zuteil, die auf eine gewisse Weise jenen ähnlich war, die in den Anfängen des Christentums stehen. Das hat ihn in den neuen Monseñor Romero verwandelt."

Romeros Bekehrung im Licht des Konzils und Medellíns

Die Entwicklung und die Veränderung eines Menschen stehen auch in einem Zusammenhang mit den zeitgeschichtlichen Entwicklungen. Von besonderer Bedeutung für Romero waren die theologischen und kirchengeschichtlichen Veränderungen, die vom Zweiten Vatikanischen Konzil und von der lateinamerikanischen Bischofsversammlung in Medellín in Gang gesetzt worden waren. Als Erzbischof sagte er immer wieder, dass er die Texte des Konzils und Medellíns nur beim Wort genommen und in sein Leben umgesetzt habe. Von daher ist es zutreffend, wenn ihn Ricardo Urioste einmal als „Märtyrer für das kirchliche Lehramt" bezeichnete. Doch in einem nicht einfachen Prozess musste er zuvor selber die vom Konzil und Medellín eingeleiteten Veränderungen in seinem eigenen Leben nachvollziehen.

Die vorkonziliare Trennung zwischen Gott und Welt

Romero ist noch in der kirchlichen und theologischen Welt vor dem Zweiten Vatikanischen Konzil groß geworden. Hier wurden scharfe Grenzen gezogen zwischen Gott und Mensch, Kirche und Welt, Glaube und Geschichte. Dem entsprach in der damals weltweit verbindlichen, so genannten neoscholastischen Theologie die klare Trennung zwischen Natur und Gnade. Unter Natur verstand man dabei nicht die natürliche Umwelt, sondern alles, was der sichtbaren, geschöpflichen Welt zugehörte. Mit Gnade wurde bezeichnet, was dem ewigen, dem göttlichen Bereich zugehörte. Das Verhältnis dieser beiden Ordnungen stellte man sich wie zwei voneinander unabhängige Stockwerke eines Hauses vor.

Dem entsprach auch das Verständnis von Spiritualität, in dem ebenso klar getrennt wurde zwischen Gott und Welt, Körper und Seele, Kontemplation und Aktion. Das Leben in dieser Welt wurde nur als eine Art Durchgangsstation auf dem Weg in die Ewigkeit verstanden. Deshalb hatte sich die Kirche um das Heil der Seelen zu sorgen. Ihr erstes Ziel musste es sein, dass möglichst viele Menschen „in den Himmel kommen". Die wichtigsten Mittel dafür waren die Sakramente. In diesem kirchlichen und theologischen Modell war es nur konsequent, dass Romero in seiner Zeit in San Miguel und auch noch danach die Sakramente in den Mittelpunkt seiner priesterlichen Tätigkeit stellte und sich wenig um „weltliche" Angelegenheiten kümmerte.

Mitte des 20. Jahrhunderts spürten eine Reihe von Theologen das Ungenügen der neoscholastischen Theologie, um auf die Fragen und Herausforderungen der modernen Welt zu antworten. Stellvertretend seien hier nur die Namen von Henri de Lubac in Frankreich und Karl Rahner in Deutschland erwähnt. Die „Neue Theologie" in Frankreich ließ sich von der Theologie der Kirchenväter der ersten nachchristlichen Jahrhunderte inspirieren. Dabei wurde deutlich, dass sich die Theologie mit dem Zwei-Stockwerke-Modell von Natur und Gnade von der zentralen Glaubenswahrheit des Christentums entfernt hatte. Denn das Konzil von Chalcedon hatte im Jahr 451 definiert, dass göttliche und menschliche Natur in Jesus Christus „unvermischt und ungetrennt" miteinander verbunden sind.

In diesem Spannungsverhältnis des „unvermischt und ungetrennt" konnten auch die Bereiche, die in der neoscholastischen Theologie noch scharf voneinander getrennt wurden, in eine neue und fruchtbare Beziehung miteinander gebracht werden. Das hatte bedeutende Rückwirkungen für das Verständnis von christlicher Spiritualität: Es ging dabei nicht mehr um eine dualistische Entgegensetzung von Gott und Welt, Geist und Materie, von Gebet und Aktion, Mystik und Politik. Diese Beziehungen wurden in einer neuen Einheit verstanden.

Nun ist es in der katholischen Kirche fast immer so, dass, wenn theologisches Neuland beschritten wird, die Wächter der kirchlichen Orthodoxie eingreifen. So hatten sowohl Henri de Lubac als auch Karl Rahner beträchtliche Probleme mit der Glaubenskongregation, die damals noch Heiliges Offizium hieß. Doch es ist auch nicht selten so, dass diejenigen, die als Häretiker verdächtigt wurden, neue Fenster und Türen aufgestoßen haben und so frischen Wind in die Kirche gebracht und ihr neue Wege in die Zukunft eröffnet haben. Dies gilt aus heutiger Sicht für Henri de Lubac ebenso wie für Karl Rahner. Ihre neue Theologie hat dem Zweiten Vatikanischen Konzil und auch der Theologie der Befreiung in Lateinamerika die Wege bereitet.

Die Kirche im Dienst an den Menschen

Der „Sprung nach vorn", den Papst Johannes XXIII. in seiner Rede zur Eröffnung des Zweiten Vatikanischen Konzils forderte, betraf vor allem die Neugestaltung der Beziehung zwischen Kirche und Welt. Für ihn war die in den 50er Jahren verbreitete Untergangsstimmung in der Kirche Ausdruck eines mangelnden Glaubens. So wandte er sich gegen die Unglücksropheten, die nur „Missstände und Fehlentwicklungen" zur Kenntnis nehmen und „immer nur Unheil voraussagen, als ob der Untergang der Welt unmittelbar bevorstünde". Johannes XXIII. hatte dagegen die positiven Ansätze im Blick, welche die Welt von heute für die Verkündigung des Evangeliums bot: „Wir aber sehen, wie die Menschen in dieser Stunde der Geschichte in eine neue Ordnung ihrer Beziehung untereinander geführt werden, und zwar über ihre Erwartungen hinaus nach einem höheren Plan."

Zur kirchlichen Erneuerung gehörte für Johannes XXIII. auch ein neuer Stil im zwischenmenschlichen Umgang in der Kirche. Er wollte in der Auseinandersetzung mit den Irrtümern nicht mehr Verurteilungen aussprechen, sondern das „Heilmittel der Barmherzigkeit" anwenden. Dahinter stand sein Vertrauen, dass sich die Wahrheit aus ihrer eigenen Kraft heraus durchsetzen würde. Schließlich verabschiedete sich das Konzil auch von einer einseitig vertikal-hierarchischen Auffassung von Kirche und betonte die Gemeinschaft aller Getauften als das eine Volk Gottes.

Die Kirche gab ihre Festungsmentalität auf und brachte ihr Selbstverständnis im Dienst an der Welt und den Menschen zum Ausdruck. Das kam einer kopernikanischen Wende gleich: nicht mehr die eigenen Interessen und Rechte standen im Mittelpunkt der Kirche, sondern das Wohl der Menschen, und zwar aller Menschen. Für Johannes XXIII. hieß das: „Die Kirche sollte sich nicht mehr mit ihren eigenen Problemen beschäftigen, sondern der ganzen Menschheit auf ihrer Suche nach Gerechtigkeit, Frieden und Einheit dienen." Und auch sein Nachfolger Papst Paul VI. betonte in seiner Schlussrede des Konzils: „Mehr denn je ... sind wir heute darauf ausgerichtet, den Menschen als solchen zu dienen, nicht bloß den Katholiken, darauf, in erster Linie und überall die Rechte der menschlichen Person und nicht nur derjenigen der katholischen Kirche zu verteidigen."

Die Kirche, die sich so in den Dienst der Welt und der Menschen stellt, kehrte zu ihren Ursprüngen zurück und wurde Jesus wieder ähnlicher. Jesus selbst hatte es sich ja zum Lebensinhalt gemacht, zu dienen. Beim letzten Abendmahl wusch er seinen Jüngern die Füße und lud sie damit ein, auch einander die Füße zu waschen. In enger Verbindung damit steht, dass die Kleinen und Unbedeutenden für Jesus die Wichtigsten waren: die Kinder, die Armen, die gesellschaftlichen Randexistenzen. Das spiegelt sich in den berühmten Anfangssätzen der Pastoralkonstitution des Konzils: „Freude und Hoffnung, Trauer und Angst der Menschen von heute, besonders der Armen und Bedrängten aller Art, sind auch Freude und Hoffnung, Trauer und Angst der Jünger Christi. Und es gibt nichts wahrhaft Menschliches, das nicht in ihrem Herzen Widerhall fände."

Das damit verbundene neue Verständnis von der Kirche wurde für Romero von programmatischer Bedeutung. Fast nahtlos schließen sich die folgenden Sätze aus einer seiner Predigten an die Aussagen der beiden Päpste des Konzils an: „Kirchesein kann nicht darin bestehen, dass die Kirche sich nur um sich selber sorgt, wie jene, die einzig um ihre Gesundheit besorgt sind und so keine Zeit mehr für irgendetwas anderes haben, weil sie sich nur um ihre Gesundheit sorgen. Die Kirche pflegt ihre Gesundheit, aber nicht aus Egoismus, sondern um stark und gesund zum Dienen zu sein. Das Ziel der Kirche ist es, zu dienen."

Zeichen der Zeit

Kirchliche Erneuerung hieß für Johannes XXIII. auch, dass die Kirche aufmerksam auf die Zeichen der Zeit ist und sich nach ihnen ausrichtet. Gerade in Zeichen der Zeit wurde die strikte Trennung zwischen Natur und Gnade überwunden. Denn bei den Zeichen der Zeit handelt es sich einerseits um geschichtliche Ereignisse und Phänomene. In diesem Sinn gehören sie zur „natürlichen Ordnung". Doch wie es in der Pastoralkonstitution des Konzils heißt, sind sie auch Zeichen „der Gegenwart oder der Absicht Gottes". So gesehen gehören sie zur „übernatürlichen Ordnung" der Gnade. Sie sind, ähnlich wie die Sakramente, so etwas wie Verbindungsglieder zwischen Gott und Welt. In den Zeichen der Zeit erschließt sich also eine sakramentale Dimension der Geschichte: In ihr und durch sie kann Gott seine Gegenwart und seinen Willen zeigen.

Doch nicht jedes geschichtliche Zeichen ist ein Zeichen der Zeit. Es bedarf der Unterscheidung und der Deutung. Das wichtigste Unterscheidungskriterium für die Zeichen der Zeit nennt wiederum die Pastoralkonstitution des Konzils: Sie sind „im Licht des Evangeliums" zu deuten. Damit ist die Heilige Schrift das entscheidende Kriterium dafür, ob ein geschichtliches Phänomen ein wirkliches Zeichen der Zeit ist. Allerdings gilt auch umgekehrt, dass die Zeichen der Zeit neue Dimensionen und Perspektiven in der Bibel zutage fördern können. Genau das ist es, was wir schon als zentrales Merkmal der Predigten Romeros herausgestellt haben: eine Beziehung zwischen der aktuellen Wirklichkeit und dem Wort Gottes herstellen, die geschichtliche Situation mit dem Wort Gottes erhellen und umgekehrt das Wort des Evangeliums in der Wirklichkeit Fleisch werden lassen.

Eine wesentliche Dimension der Bekehrung Romeros war es, immer wieder neu dem Willen Gottes in den sich wandelnden Umständen der Geschichte zu entsprechen. Damit verband sich die gläubige Überzeugung, dass sich Gott auch heute in der Geschichte zeigt, in ihr wirkt. Dieser Wille Gottes zeigte sich für ihn in den Zeichen der Zeit. Dementsprechend heißt es in seinem zweiten Hirtenbrief: „Die Veränderungen in der Welt sind heute für die Kirche ein Zeichen der Zeit, um sich selbst zu erkennen. Sie spürt, dass es Gott selbst ist, der sie durch dieses Neue in der Welt anruft, und dass sie dieses Neue in der Welt im Bewusstsein haben muss, um auf das Wort Gottes zu antworten und ihr Handeln in und für die Welt richtig einzuschätzen."

Der Schrei der Armen als Anruf Gottes

Für Johannes XXIII. war die Armut vor allem in den Ländern der Dritten Welt ein besonderes Zeichen der Zeit. Er wünschte, dass die weltweite Herausforderung der Armut auch ein zentrales Thema auf dem Konzil sein sollte. Dem hat das Konzil so nicht entsprochen. Doch an einzelnen Stellen der Konzilstexte finden sich dennoch deutliche Spuren dieses besonderen Anliegens von Johannes XXIII. In der Konstitution Lumen Gentium über das Wesen der Kirche heißt es: „Wie aber Christus das Werk der Erlösung in Armut und Verfolgung vollbrachte, so ist auch die Kirche berufen, den gleichen Weg einzuschlagen... Christus wurde vom Vater gesandt, ‚den Armen frohe Botschaft zu bringen, zu heilen, die bedrückten Herzens sind ... zu suchen und zu retten, was verloren war'. In ähnlicher Weise umgibt die Kirche alle mit ihrer Liebe, die von menschlicher Schwachheit angefochten sind, ja in den Armen und Leidenden erkennt sie das Bild dessen, der sie gegründet hat und selbst ein Armer und Leidender war."

Die Pastoralkonstitution „Gaudium et Spes" bringt das Thema der ungerechten Armut im Zusammenhang mit der Weltverantwortung der Kirche zur Sprache. Sie bezeichnet es als ein „Ärgernis", dass einige mehrheitlich christliche Nationen Güter in Fülle besitzen, „während andere nicht genug zum Leben haben und von Hunger, Krankheit und Elend aller Art gepeinigt werden". Papst Paul VI. hat 1967 diese Herausforderung in seiner Enzyklika „Populorum Progressio" aufgegriffen: „Johannes XXIII. hat dies deutlich ausgesprochen, und das Konzil hat es in der pastoralen Konstitution über die Kirche in der Welt von heute bestätigt... Die Völker, die Hunger leiden, bitten die Völker, die im Wohlstand leben, dringend und inständig um Hilfe. Die Kirche erzittert vor diesem Schrei der Angst und wendet sich an jeden Einzelnen, dem Hilferuf seines Bruders in Liebe zu antworten."

Diesen Schrei stellten die lateinamerikanischen Bischöfe in den Mittelpunkt ihrer zweiten Generalversammlung im kolumbianischen Medellín im Jahr 1968. So lauten die ersten Sätze des Schlussdokuments: „Über die Situation des lateinamerikanischen Menschen gibt es viele Studien. In allen wird das Elend beschrieben, das große Menschengruppen marginalisiert. Dieses Elend als Massenerscheinung ist eine Ungerechtigkeit, die zum Himmel schreit."

Im zum Himmel schreienden Elend der Mehrheit der Menschen in Lateinamerika und ihrer Sehnsucht nach Befreiung erkannten die Bischöfe das wichtigste Zeichen der Zeit. Dabei brachten sie die geschichtliche und soziale Wirklichkeit Lateinamerikas mit Gott und seinem Heilsplan in Verbindung: „Tatsächlich bilden die Zeichen der Zeit, die sich auf unserem Kontinent vor allem in der sozialen Ordnung ausdrücken, einen theologischen Ort und einen Anruf Gottes."

Im Hören auf die Stimme Gottes in den Zeichen der Zeit haben die Bischöfe in Medellín also das „Aggiornamento" im Kontext Lateinamerikas nachvollzogen. Dabei haben sie das ungerechte Leiden so vieler Menschen als die zentrale pastorale Herausforderung für die lateinamerikanische Kirche verstanden: „Es ist nicht zu übersehen, dass sich Lateinamerika weithin in einer Situation der Ungerechtigkeit befindet, die man institutionalisierte Gewalt nennen kann, weil die gegenwärtigen Strukturen fundamentale Rechte verletzen. Es ist eine Situation, die vollständige, kühne, dringende und tief greifende erneuernde Umformungen fordert."

Die „vorrangige Option für die Armen" wurde zum Schlüssel für Romeros Selbstverständnis als Bischof und auch seiner Spiritualität. Was für das Konzil eine Öffnung der Kirche gegenüber der modernen Welt war, wurde für Medellín eine Öffnung der Kirche gegenüber der Welt der Armen.

Einheit der Geschichte

In seiner Rede in Löwen bezeichnet Romero das Zweite Vatikanische Konzil als Ausgangspunkt für alle gegenwärtigen kirchlichen Veränderungen. Durch die im Konzil vollzogene Öffnung der Kirche gegenüber der Welt wurde die dualistische Trennung zwischen Weltgeschichte und Heilsgeschichte überwunden. In einer Predigt verdeutlichte er dies: „Eine der Veränderungen der heutigen Kirche besteht darin, dass sie diese Dichotomie, diese Trennung zwischen Kirche und Welt, aufgehoben hat, und zwar deshalb, weil sie die Einheit zwischen der profanen Geschichte und der Heilsgeschichte verstanden hat."

Beispielhaft für diese Einheit zwischen profaner Geschichte und Heilsgeschichte ist die Geschichte Israels, wie sie im Alten Testament überliefert ist. Ereignisse in der politischen Geschichte Israels können unmittelbarer Ausdruck des göttlichen Heilshandelns oder auch des göttlichen Gerichts sein. Das für die Geschichte Israels grundlegende Ereignis ist seine Befreiung aus der Knechtschaft in Ägypten. Im Exodus offenbart sich der Gott Israels als ein in der Geschichte handelnder und befreiender Gott. Doch er greift nicht direkt in die Geschichte ein, sondern er braucht dazu Menschen: In Mose zeigt sich die Interaktion von menschlichem und göttlichem Handeln in der Befreiungsgeschichte Israels.

Romero war der Überzeugung, dass diese Geschichte Israels sich durch Christus für alle Völker universalisiert: „Israel ist wie das Modell der Heilsgeschichte, die nach Christus zur Heilsgeschichte in den Geschichten aller Völker wird." So will Gott auch ganz konkret in der Geschichte El Salvadors den Menschen begegnen und sie befreien: „Deshalb ist es notwendig, dass wir im Licht dieser biblischen Lesungen die ganze Geschichte der ewigen Gedanken Gottes verlängern bis zu den konkreten Tatsachen unserer Entführten, unserer Gefolterten, bis in unsere eigene traurige Geschichte. Genau da müssen wir unserem Gott begegnen."

In der Theologie des Konzils ist Transzendenz nicht mehr das von der Geschichte Getrennte. In dieser Linie behandelt Romero in seinem zweiten Hirtenbrief das Thema der Einheit der Geschichte in einem eigenen Abschnitt. Darin wird deutlich, wie er sich selbst von Überzeugungen verabschiedet, die er früher noch vertreten hat: Er distanziert sich von einer Abwertung der Geschichte als einem reinen Durchgangsstadium in die Ewigkeit. Er stützt sich dabei auf das Dokument von Medellín, in dem im Anschluss an das Konzil Abschied genommen wurde von den Dualismen zwischen dem Zeitlichen und dem Ewigen, dem Profanen und dem Religiösen, zwischen Welt und Gott, zwischen Kirche und Geschichte.

Weltgeschichte und Heilsgeschichte verlaufen also nicht auf zwei voneinander getrennten Ebenen, sie fallen aber auch nicht völlig in eins. Das zeigt sich darin, dass die Sünde in der Welt eine Realität ist und bleibt. Romero hat sehr ernst genommen, was die Theologen den „eschatologischen Vorbehalt" nennen. Damit ist gemeint, dass sich das Reich Gottes als Ziel der Heilsgeschichte in seiner vollen Gestalt erst am Ende der Zeiten verwirklichen wird. Das Reich Gottes übersteigt, was in der Weltgeschichte zu verwirklichen und zu erwarten ist. Doch es nimmt hier und jetzt seinen Anfang. Zu seinem Wachstum bedarf es der menschlichen Mitarbeit. Romero weiß sich in dieser Hinsicht ermutigt durch die Pastoralkonstitution des Konzils: „Die Erwartung der neuen Erde (darf) die Sorge für die Gestaltung dieser Erde nicht abschwächen, auf der uns der wachsende Leib der neuen Menschheitsfamilie eine umrisshafte Vorstellung von der künftigen Welt geben kann, sondern muss sie im Gegenteil ermutigen."

Wenn Profangeschichte und Heilsgeschichte so aufeinander bezogen werden, dann hat dies auch Konsequenzen für die Spiritualität. Gott ist ja durch die Zeichen der Zeit in der Geschichte gegenwärtig, und er wirkt in ihr. So distanziert sich jetzt Romero von einer Frömmigkeit, welche die Welt verachtet und die profane Geschichte getrennt von der Heilsgeschichte sieht. Er überwindet die Trennung zwischen dem Materiellen und dem Spirituellen, zwischen dem Profanen und dem Heiligen, zwischen dem Wirken Gottes und dem menschlichen Handeln.

Dass ewiges Heil und die Verhältnisse in der Welt in einem Zusammenhang stehen, verdeutlicht auch die Gerichtsrede Jesu im Matthäusevangelium. Einziges Kriterium des Gerichts ist das Verhalten gegenüber den Notleidenden. So spricht Romero von einer „sehr direkten Beziehung zwischen dem erhofften Heil jenseits meines Todes und dem Engagement in unserer Zeit, und niemand, der auf dieser Erde ungerecht ist, wird Anteil am Himmelreich haben, wo die Gerechtigkeit und die Liebe herrschen." Die scheinbar abstrakten Überlegungen über die Einheit der Geschichte haben also ganz konkrete Rückwirkungen etwa auf die Frage der gesellschaftspolitischen Rolle der Kirche: „Wer an den Dingen der Ewigkeit teilhaben möchte, muss Mitarbeiter Gottes in der Gerechtigkeit, im Frieden und in der Liebe im Reich dieser Welt sein."

Kirche und Politik

Aus der Einheit von Weltgeschichte und Heilsgeschichte folgt ein neues Verhältnis von Kirche und Politik. Romero wendet sich gegen eine „nur spiritualisierte Kirche, eine Kirche der Sakramente, der Gebete, aber ohne soziales Engagement, ohne Engagement in der Geschichte". Den Neuorientierungen des Konzils entsprechend soll sie Zeichen der Liebe Gottes in der Welt sowie Sakrament des Heils und der Einheit unter den Menschen sein. Sie soll als sein Leib Christus in der Geschichte gegenwärtig machen, sein Heilswerk fortsetzen. Dies musste sich auch konkret auf die sozialen, wirtschaftlichen und politischen Verhältnisse in El Salvador auswirken.

Dementsprechend beschreibt Romero die Aufgabe der Kirche so: „Sie muss immer das Reich Gottes verkündigen, alles Positive begünstigen, das sich in diesen schwer durchschaubaren politischen und militärischen Aktivitäten finden mag, aber auch die Verletzung der Menschenrechte anprangern und Auswege suchen, allerdings nicht auf den Wegen der Gewalt. Indem sie die verschiedenen Arten von Gewalt aufzeigt und richtig beurteilt, kann sie auf dem Hintergrund des Reichs Gottes ein Urteil abgeben, das nicht politisch ist und auch kein konkretes politisches Projekt unterstützt; vielmehr fällt von unserem Glauben und unseren christlichen Gefühlen aus Licht auf die Gerechtigkeit."

Den Vorwurf des Präsidenten, seine Predigten seien politisch, weist er entschieden zurück. Es sei seine Aufgabe, vom Standpunkt des Evangeliums und der christlichen Ethik aus zu den verschiedensten und damit auch zu den politischen Aktivitäten der Menschen Stellung zu nehmen. Allerdings blieb Romero dabei nicht nur auf der Ebene der allgemeinen Prinzipien, sondern wurde mitunter sehr konkret. So prangerte er die ungerechten Löhne an, nannte dabei konkrete Zahlen und forderte den gleichen Lohn für Männer und Frauen. Er sprach von der „Prostitution des Justizwesens" und stellte an den Anfang seines vierten Hirtenbriefes eine schonungslose, ungeschminkte Beschreibung der sozialen und politischen Wirklichkeit. Es gehöre zur Aufgabe der Kirche, „die dringend erforderlichen, tief greifenden strukturellen Veränderungen im politischen und sozialen Bereich des Landes zu predigen und voranzutreiben".

Bei alledem war sich Romero auch der Gefahr bewusst, dass die Kirche von politischen Bewegungen und Parteien vereinnahmt und manipuliert werden konnte. Deshalb betonte er immer wieder, dass die Kirche sich nicht mit einer konkreten politischen Gruppierung identifizieren solle. Ihre Aufgabe sei es, die politischen Programme und Projekte zu prüfen, und zwar aus der Sicht der Armen.

Wiederholt setzte er sich auch mit der marxistischen Kritik auseinander, die Religion sei Opium für das Volk. Dabei erkennt er an, dass die Kirche vor allem in der Vergangenheit in diesem Sinn eine entfremdende Rolle gespielt hatte. Er distanziert sich klar von einer Frömmigkeit, welche die Menschen mit einer Vertröstung auf das Jenseits dazu anhält, sich mit ihrem Elend in dieser Welt abzufinden: „Das ist kein Christentum, und deshalb sagten sie zu den Christen, wir würden dem Volk Opium geben, und hier hatte der Kommunismus Recht, denn sie arbeiteten, während die Christen bloß beteten und nichts taten."

In dieser Linie nimmt er auch Distanz von der individualistischen religiösen Erziehung, wo das Prinzip galt, die eigene Seele zu retten und sich um den Rest nicht zu kümmern. Eng damit verbunden war auch eine falsche Vertröstung der Leidenden auf den Himmel: „Das ist nicht die Erlösung, die Christus gebracht hat. Die Erlösung, die Christus gebracht hat, ist die Befreiung von Knechtschaften aller Art."

In der Frage, wie die Kirche sich zu den nichtchristlichen, linken Volksorganisationen verhalten sollte, vertrat Romero im Geist des Konzils eine große Weite. Die Kirche stand für ihn im Dienst am Reich Gottes. Das Reich Gottes reichte aber weiter als die Grenzen der Kirche. Von daher stellte Romero auch nicht den Anspruch, dass alle katholisch werden mussten. Wichtiger war ihm, in einer ökumenischen Perspektive und sogar auch mit Nichtgläubigen den Aufbau des Reiches Gottes als Ordnung der

Gerechtigkeit und des Friedens voranzutreiben: „Die Kirche glaubt nämlich, dass das Wirken des Heiligen Geistes, der Christus in uns Menschen zum Leben erweckt, stärker ist als sie selbst. Denn die Kraft der Erlösung reicht über die Grenzen der Kirche hinaus. Deshalb werden die Befreiungsbemühungen der Einzelnen wie der Gruppen, auch wenn sie sich nicht zum christlichen Glauben bekennen, durch den Geist Jesu inspiriert." Selbst wer sich nicht aus einer religiösen Motivation für die Gerechtigkeit einsetzte, trug doch zum Aufbau des Reiches Gottes bei.

Im Zusammenhang mit dieser weiten Sicht des Reiches Gottes stand für Romero auch seine „Pastoral der Begleitung". In seinem vierten Hirtenbrief erläutert er, was damit gemeint ist: „Ich verstehe unter pastoraler Begleitung die persönliche Evangelisierung von christlichen Individuen oder Gruppen, die eine konkrete politische Entscheidung getroffen haben – und zwar diejenige, die nach ihrem Wissen und Gewissen am besten mit den vom Glauben gestellten Forderungen übereinstimmt."

Eine Gefahr war, dass sich auch diejenigen, die in den Volksorganisationen noch gläubig waren, von der Kirche abwandten. Deshalb war für Romero das Gebot der Stunde: „Man muss tun, was man kann, damit diejenigen, die sich in den politischen Volksorganisationen zusammengeschlossen haben, nicht vom Glauben abfallen, der sie vielleicht zu ihrem politischen Einsatz inspiriert hat. Wenn die Kirche nämlich nicht zum Mitgehen fähig ist, können sie diesen Glauben verlieren und sich für abwegige Lösungen einsetzen."

Lange war die Kirche der Versuchung erlegen, sich mit den bestehenden Verhältnissen zu arrangieren. Der Trugschluss dabei war, dass sie sich so aus der Politik heraushalten würde. In Wirklichkeit trug sie damit zu einer Stabilisierung der Unrechtsverhältnisse bei. Für Romero war es ein gutes Zeichen, dass die Mächtigen die Kirche als störend empfanden und verfolgten.

Denn mit der Option für die Armen hatte sie den Platz gefunden, den ihr Christus zugewiesen hatte: „Es ist keine Ehre für die Kirche, mit den Mächtigen auf gutem Fuß zu stehen. Die Ehre der Kirche besteht darin, dass sich die Armen in ihr daheim fühlen, dass sie ihre Sendung auf Erden erfüllt, indem sie alle, auch die Reichen, auffordert, sich zu bekehren und ihr Heil zu wirken, doch von der Welt der Armen aus, denn sie, sie allein sind diejenigen, die glückselig sind."

Strukturelle Sünde

Wenn man die gesellschaftspolitische Verantwortung der Kirche gegenüber dem bestehenden Unrecht so versteht, ergibt sich auch eine Ausweitung des Sündenbegriffs von der individuellen auf die soziale Ebene. Von seinem Theologiestudium und seiner geistlichen Formung her hatte Romero ein individualistisches Verständnis von Sünde: Nur der einzelne Mensch in seiner Freiheit kann sündigen, wenn er sich gegen Gott und seine Gebote entscheidet. Doch die Bischofsversammlung von Medellín ging einen wichtigen Schritt weiter, indem sie von „struktureller Sünde" und von „institutionalisierter Gewalt" sprach. Diese Begriffe wie auch der der sozialen Sünde tauchen bei Romero immer wieder auf. Im zweiten Hirtenbrief beschreibt er die soziale Sünde als „Kristallisation der individuellen Egoismen in dauerhafte Strukturen, die diese Sünde aufrechterhalten und die Mehrheit der Menschen ihre Macht spüren lassen".

Doch für Romero geht es hier nicht nur um ein soziales oder ein politisches Problem. Er ist überzeugt, „dass es beim Endgericht nicht nur um das individuelle Verhalten jedes Menschen geht, sondern es wird auch Rechenschaft über die soziale Sünde gefordert, über jene Sünde, die zwar im Herzen des Menschen geboren wird, aber sich in ungerechten Verhältnissen kristallisiert, um nicht nur im Menschen bestraft zu werden, der sie begeht, sondern in der Gesellschaft, die aus dieser Sünde eine soziale Sünde gemacht hat."

Wenn die sozialen Strukturen nicht naturgegeben, sondern von Menschen gestaltet und auch zu verantworten sind, dann müssen sie auch veränderbar sein. Dazu ist es notwendig, die sozialen Mechanismen aufzudecken, die in El Salvador Armut und Tod hervorbringen. Mit dem Gleichnis vom barmherzigen Samariter gesprochen, geht es darum, nicht nur die Wunden zu verbinden, sondern gegen die Räuberei auf der Straße von Jericho nach Jerusalem vorzugehen, also dafür zu sorgen, dass unschuldige Menschen nicht mehr unter die Räuber fallen.

Gott und Christus in den Armen

Die Erneuerungsbewegung, die vom Zweiten Vatikanischen Konzil ausging, öffnete die Kirche für den Dienst an der Welt und den Menschen. Für die Situation Lateinamerikas haben die Bischöfe in Medellín diese Grundausrichtung des Konzils in die „vorrangige Option für die Armen" übersetzt. Die Option für die Armen ist aber keine Erfindung der lateinamerikanischen Bischöfe, sondern eine Rückbesinnung auf eine zentrale Wahrheit des jüdisch-christlichen Glaubens überhaupt.

Option für die Armen

Grundlage der Option für die Armen ist die gleiche Würde aller Menschen. Diese liegt darin begründet, dass jeder Mensch nach Gottes Bild geschaffen ist. Immer wieder kommt Romero im Zusammenhang mit den schrecklichen Menschenrechtsverletzungen in El Salvador auf die Gottebenbildlichkeit des Menschen zu sprechen: „Es gibt keinen Gegensatz zwischen dem Bild Gottes und dem Menschen. Wer einen Menschen foltert, wer einen Menschen beleidigt, der beleidigt das Bild Gottes."

Gerade weil für Gott jeder Mensch wichtig ist, zeigt er sich als ein parteilicher Gott zugunsten derjenigen, deren Würde und deren Leben bedroht ist. Im Alten Testament tritt Gott als ein Verteidiger der Witwen und der Waisen in Erscheinung. Jesaja fordert im Namen Gottes: „Lernt, Gutes zu tun! Sorgt für das Recht! Helft den Unterdrückten! Verschafft den Waisen Recht, tretet ein für die Witwen!" Gott erkennen heißt für die alttestamentlichen Propheten Gerechtigkeit üben.

Auch in der Menschwerdung Gottes in Jesus Christus zeigt sich seine Vorliebe für die Armen. Die Bewegung der Inkarnation verläuft von oben nach unten, von der Herrlichkeit Gottes in die menschliche Begrenztheit und Armut. Die Theologen bezeichnen diese Selbstentäußerung Gottes mit dem griechischen Wort „Kenose". Jon Sobrino beschreibt dies so: „Gott hat sich dieser Welt zugewandt, hat sich in unsere Geschichte hineinbegeben und ist Teil unserer Menschheit geworden im Schwachen und im Kleinen, in den Armen und Unterdrückten. Unser Gott ist ein Fleisch gewordener Gott, der sich zweifach erniedrigt hat: hinab zum Menschlichen und innerhalb dieses Menschlichen auch noch zum Schwachen und Armen."

Romero vergleicht in einer Predigt die Kenose Gottes mit einem König, der seinen Thron verlässt, seine königlichen Gewänder ablegt, sich mit den Lumpen der Campesinos bekleidet und unter ihnen lebt, ohne aufzufallen. So bekleide sich Christus mit dem Menschsein und erscheine als ein gewöhnlicher Mensch. Wäre er hier in der Kathedrale, so könnte man ihn von den anderen Anwesenden gar nicht unterscheiden. Und Christus genügte es nicht, nur wie ein gewöhnlicher Mensch zu sein, sondern er wurde wie ein Sklave und starb am Kreuz den Tod der Sklaven. Romero wendet diese göttliche Bewegung der Kenose auch auf die Kirche an: Sie muss eine arme und demütige Kirche sein, sie muss eine Kirche von unten sein.

Die Option für die Armen hat auch das irdische Leben Jesu geprägt. Er war nicht in den Palästen, sondern vornehmlich bei einfachen Menschen zu Hause. Die Armen stehen in seinen Seligpreisungen an erster Stelle. In seiner Gerichtsrede macht er sich mit den Notleidenden eins. Auch für Paulus kommt die Quintessenz des christlichen Glaubens darin zum Ausdruck, dass Gott das Kleine und Schwache in dieser Welt zum bevorzugten Ort seiner Gegenwart und seiner Offenbarung erwählt hat (1. Kor 1, 25 – 29). Die Option für die Armen zieht sich also wie ein roter Faden durch die Bibel.

Romero findet Gott in den Armen. Das war die beglückendste Erfahrung seines Lebens. Immer wieder kommt er in seinen Predigten auf den Jubelruf Jesu zu sprechen: „Ich preise dich, Vater, Herr des Himmels und der Erde, weil du all das den Weisen und Klugen verborgen, den Unmündigen aber offenbart hast. Ja, Vater, so hat es dir gefallen" (Mt 11, 25 f.). Hier scheint es im Leben Jesu selbst einen Entwicklungs-, ja einen Lernprozess gegeben zu haben. Der Zwölfjährige sucht Gott noch im Tempel im Gespräch mit den Schriftgelehrten – den „Weisen und Klugen". Doch der Wanderprediger von Galiläa findet Gott in den Armen, den Kindern, den sozial Ausgegrenzten. Diese Entwicklung hat auch Oscar Romero durchlaufen. Eine seiner

Formulierungen des jesuanischen Jubelrufs lautet: „Ich habe Gott kennen gelernt, weil ich mein Volk kennen gelernt habe." Deshalb stehen die Armen auch im Mittelpunkt seiner Spiritualität, deren entscheidendes Kriterium ist: „Wie verhalte ich mich gegenüber dem Armen? Denn in ihm ist Gott."

Bei aller Hochschätzung für die Armen hatte Romero ein differenziertes und realistisches Verständnis von Armut. Die „sündige Armut" ist für ihn Konsequenz der Ungerechtigkeit. Sie enthält Menschen das Recht auf ein menschenwürdiges Leben vor. Diese Armut ist eine Anklage gegen die Gesellschaft und ihre Missstände. Sie muss bekämpft werden. Romero verband keine romantischen Vorstellungen mit Armut. Er wusste sehr wohl um die hässlichen Seiten des Elends. Er wusste um die durch den lateinamerikanischen „Machismo" verstärkte Ausbeutung der Frauen durch die Männer, um die zerstörende Wirkung des verbreiteten Alkoholismus und die Gewalt. Auch die Armen sind Sünder und müssen sich bekehren.

Unterschieden von der „sündigen Armut" ist die Armut, die Jesus in den Seligpreisungen anspricht. Diese hat zwar auch etwas mit der materiellen Armut zu tun, doch darüber hinaus meint Jesus damit eine innere Einstellung, eine Haltung des Herzens: Selig sind die Armen, weil sie ihr Vertrauen ganz auf Gott setzen. Romero entfaltet dieses Armutsverständnis in einer Priesterversammlung: „Ich stellte meine Meinung dar, dass sich alles um die Bekehrung dreht: Arm sei, wer zu Gott bekehrt sei und all sein Vertrauen auf Gott setze; reich sei, wer sich nicht zum Herrn bekehrt habe und sein Vertrauen auf die Götzen setze, das heißt das Geld, die Macht, die Dinge der Erde. Und all unsere Arbeit müsse sein, uns und alle Menschen zu diesem Sinn echter Armut zu bekehren. Denn Christus sagt, dass das Geheimnis darin besteht, dass einer nicht zwei Herren dienen kann, Gott und dem Geld."

Der Gott des Lebens und die Götzen des Todes

Durch die Armen hat sich für Romero ein tieferes Verstehen Gottes verbunden: Gott ist in seinem Wesen ein Gott des Lebens, und zwar nicht nur in dem Sinn, dass er als Schöpfer alles ins Leben und ins Sein gerufen hat, sondern dass er sich ständig um seine Geschöpfe sorgt. Seine besondere Sorge gilt denjenigen, deren Leben von einem „Tod vor der Zeit" bedroht ist.

Romero wiederholte immer wieder, dass für Gott nichts wichtiger ist als das Leben der Armen. Bei der Bischofsversammlung in Puebla sagte er zu Leonardo Boff: „In meinem Land wird abscheulich gemordet. Wir sollten das Mindeste zu verteidigen suchen, was zugleich das größte Geschenk Gottes ist: das Leben." Hier zeigt sich, dass Romero einen weit gespannten, dynamischen Begriff des Lebens hatte. Für ein menschenwürdiges Leben gibt es materielle Mindestvoraussetzungen: Nahrung, ein Dach über dem Kopf, Arbeit. Gleichzeitig ist das Leben dynamisch offen auf die „Fülle" hin, die Jesus verheißen hat. Erfülltes Leben umfasst die mitmenschlichen Beziehungen, Bildung, Kultur und natürlich auch die Beziehung zu Gott.

Im Gegensatz zum Gott des Lebens stehen die Götzen des Todes. Götzen sind für Romero keine mythologischen Relikte aus einer unaufgeklärten Vergangenheit. Götzen sind geschaffene Wirklichkeiten, die absolut und an die Stelle des wahren Gottes gesetzt werden. In El Salvador sind das die Götzen Reichtum, Macht und Nationale Sicherheit. So wie die Propheten des Alten Testaments in ihrer Zeit muss die Kirche heute diese Götzen entlarven und anprangern. Wenn Romero auf die modernen Götzen zu sprechen kam, wurde er wirklich zum Propheten: „Ich klage vor allem die Verabsolutierung des Reichtums an. Das ist das große Übel in El Salvador: der Reichtum, das Privateigentum als etwas unantastbar Absolutes. Wehe dem, der diese Hochspannungsleitung berührt. Er verbrennt. Es ist nicht gerecht, dass einige wenige alles besitzen und ihren Besitz so absolut setzen, dass ihn niemand berühren darf, und gleichzeitig sterben die Ausgegrenzten, die die Mehrheit der Bevölkerung bilden, an Hunger." Die Ideologie der Nationalen Sicherheit verglich er mit dem Götzen Moloch, in dessen Namen täglich unzählige Menschen geopfert würden. Auch auf Seiten der politischen Linken sah er – allerdings in geringerem Maß – die Gefahr einer Vergötzung der politischen Organisationen.

Gegenüber den Götzen war eine Entscheidung gefordert, so wie Jesus eine Entscheidung zwischen Gott und dem Geld gefordert hatte. Romero formulierte diese Alternative noch schärfer: „Entweder wir glauben an einen Gott des Lebens, oder wir dienen den Götzen des Todes." Die Gottesfrage stellt sich in Lateinamerika weniger in der Alternative von Glaube und Atheismus, sondern von Glaube und Götzendienst. Dementsprechend steht auch die Spiritualität vor der Alternative, sich im Geist Gottes für das Leben der Armen einzusetzten oder ihren Tod in Kauf zu nehmen.

Option für die Armen heißt also, sich im Glauben an den Gott des Lebens für diejenigen einzusetzen, deren Leben bedroht ist: „Für die Kirche gibt es nichts Wichtigeres als das menschliche Leben, als die menschliche Person. Vor allem die Person der Armen und Unterdrückten, denen außer ihrem Menschsein auch Gottsein zukommt, wenn Jesus von ihnen sagt, dass alles, was ihnen getan wird, ihm getan wird. Und dieses Blut, das Blut, der Tod sind jenseits aller Politik. Sie rühren an das Herz Gottes selbst."

Bald wurde gegen Romero der Vorwurf erhoben, dass er sich mit der Option für die Armen gegen die Reichen entschieden habe. Er hielt dem immer wieder entgegen: „Wenn sie von den Armen ausgeht, wird es der Kirche gelingen, für alle da zu sein."

Parteilichkeit zugunsten der Armen zielt auf eine umfassende Gerechtigkeit für alle. In diesem Sinn ist die Option für die Armen universal. Sie beinhaltet keine Entscheidung gegen die Reichen, wohl aber gegen die Wirklichkeit der sozialen Sünde und die Strukturen der Unterdrückung und Ausbeutung.

Für Romero stand nicht in Frage, dass Gott das Heil aller Menschen will. Doch das Heil der Reichen hängt wesentlich davon ab, wie sie sich gegenüber den Armen verhalten: „Gott möchte auch das Heil der Reichen, doch genau weil er ihr Heil möchte, sagt er ihnen, dass sie nicht gerettet werden können, wenn sie sich nicht zu Christus bekehren, der in den Armen lebt." Wenn die Kirche sich entschieden auf die Seite der Armen stellt, so nimmt sie Christus zum Maßstab: „Es ist unvorstellbar, dass sich jemand als ‚Christ' bezeichnet und nicht wie Christus eine vorrangige Option für die Armen trifft. Es ist ein Skandal, dass Christen von heute die Kirche kritisieren, weil sie sich für die Armen einsetzt."

„Das Volk ist mein Prophet"

Die Option für die Armen blieb für Romero nicht abstrakt, er setzte sie selber in seinem Leben um. Das fing damit an, dass er seine Wohnung bewusst in der Nähe von Krebskranken wählte: „Ich lebe in einem Krankenhaus und ich erlebe den Schmerz wirklich aus der Nähe, das Stöhnen der Leidenden in der Nacht, die Traurigkeit dessen, der seine Familie verlassen und im Krankenhaus bleiben muss."

Bei seinen Pastoralbesuchen in den Pfarreien setzte er sich nach der Messe gewöhnlich an die Kirchentür und stand für Fragen und Gespräche zur Verfügung. Als seine Sekretärin mehr Ordnung in seine Terminplanung bringen wollte, erklärte er ihr:

„Ich habe meine Prioritäten. Und ob mit oder ohne Planung – ich werde immer zuerst jeden Campesino empfangen, der hierher kommt, ob tagsüber oder wann auch immer, ob Sitzung oder nicht." Maria Julía Hernández hat folgende Szenen in Erinnerung: „Am meisten berührte mich, als verzweifelte Mütter kamen, an seiner Schulter weinten und ihn baten, ihre Söhne zu suchen, für ihr Söhne einzutreten. Er versuchte immer allen zu helfen."

Romero lebte vor, was er auch von der Kirche in seinem vierten Hirtenbrief verlangte: „Von der Kirche ist ein wachsendes Eintauchen in die Welt der Armen gefordert; sie muss sich mit ihnen einschließlich der Risiken und ihres Schicksals der Verfolgung solidarisieren und bereit sein, das größte Zeugnis der Liebe zu geben, um diejenigen zu verteidigen und zu fördern, die Jesus vorrangig geliebt hat."

Sein lebendiger Kontakt mit den Menschen schenkte ihm eine Fülle beglückender Erfahrungen. Mit besonderer Freude erfüllte ihn, als ihn Jugendliche bei einer Firmung als Freund begrüßten. So verstand er sein Amt als Bischof: „Ich bin schlicht und ergreifend der Hirte, der Bruder, der Freund dieses Volkes." Immer wieder neu rührten ihn die Geschenke, die ihm gemacht wurden: manchmal ein paar Eier, dann auch Hühner oder sogar eine Kuh. In einer abgelegenen Pfarrei führten die Leute vor seiner Reise zur Bischofsversammlung in Puebla eine Kollekte durch, um sich so an den Kosten zu beteiligen. Romero wurde behandelt wie ein Mitglied der Familie.

In ihrer Kunst, das Wort der Bibel mit der Wirklichkeit in Verbindung zu bringen, werden die Armen für Romero zu Lehrern im Glauben. Als er eine Stunde lang einer Gruppe von Campesinos bei einem Bibelgespräch zugehört hat, stehen ihm Tränen in den Augen: „Ich dachte immer, dass ich das Evangelium kenne, aber jetzt lerne ich, es mit anderen Augen zu lesen." Hier wird noch einmal deutlich, dass es die Armen waren, die Romero die Augen für ein neues Verstehen des Evangeliums öffneten.

Dieser Erfahrungen haben sich in Sätzen Romeros niedergeschlagen, die in El Salvador schon zu geflügelten Worten geworden sind: „Das Volk ist mein Prophet." „Ich muss darauf hören, was der Heilige Geist durch sein Volk sagt." „Der Bischof muss viel von seinem Volk lernen." „Mit diesem Volk ist es nicht schwer, ein guter Hirte zu sein. Es drängt förmlich die, die berufen sind, seine Rechte zu verteidigen und seine Stimme zu sein, sich auch tatsächlich in seinen Dienst zu stellen."

Gekreuzigtes Volk

Romeros Spiritualität erreicht ihre größte Tiefe darin, dass er im Leiden der Armen den leidenden Gottesknecht des Propheten Jesaja und das Kreuz Christi sehen lernt. Er bezeichnet das unterdrückte und geschundene Volk El Salvadors als „gekreuzigtes Volk". Das wirkt zuerst überraschend. Wie soll man sich die Kreuzigung eines ganzen Volkes vorstellen? Dabei ist zu sehen, dass der Begriff „pueblo" in Lateinamerika vor allem die einfachen, armen Menschen bezeichnet. Romero verwendet den Ausdruck „gekreuzigtes Volk" in einem bildlich-symbolischen Sinn. Doch die Wirklichkeit, die damit bezeichnet wird, ist sehr real.

Der Gottesknecht des Propheten Jesaja wird für Romero zu einem Bindeglied zwischen dem kollektiven Leid des Volkes und dem Kreuz Christi. In das Buch Jesaja sind recht unvermittelt vier Texte über einen geheimnisvollen Gottesknecht eingefügt, der unschuldig leidet und durch den sich so Gottes Heilsplan verwirklicht. Romero weist darauf hin, dass sich die Exegeten uneins sind, ob mit dem Gottesknecht ein Individuum oder das ganze, im Exil leidende Volk Israel gemeint ist. So sieht er das

Leiden des salvadorianischen Volkes im Spiegel des misshandelten Gottesknechtes. Von ihm heißt es, er sei so übel zugerichtet worden, dass er nicht mehr aussieht wie ein Mensch und Entsetzen hervorruft. So entsetzlich zugerichtet waren auch viele Leichen, die man in El Salvador an den Wegrändern und auf Müllkippen fand. Vom Gottesknecht heißt es weiter: „Doch er wurde durchbohrt wegen unserer Verbrechen, wegen unserer Sünden zermalmt" (Jes 53, 5). Der Knecht leidet für andere; fremde Schuld wird auf ihm abgeladen. So sind auch in El Salvador viele schuldlos zu Opfern geworden. Doch am Ende nehmen die Gottesknechtlieder eine überraschende Wendung: „Zu unserem Heil lag die Strafe auf ihm, durch seine Wunden sind wir geheilt" (Jes 53, 5). So wie vom leidenden Gottesknecht Heil ausgeht, ist für Romero auch das leidende Volk ein Ort des von Gott gewirkten Heils.

Die Gottesknechtlieder des Propheten Jesaja wurden für die frühchristliche Gemeinde zu einem Verstehensschlüssel, um im scheinbaren Scheitern Jesu am Kreuz doch noch den Heilsplan Gottes erkennen zu können. Jesus wurde dabei mit dem Gottesknecht identifiziert. Romero stützt sich nun zusätzlich noch auf das Verständnis des heiligen Paulus von der Kirche als der in der Geschichte fortlebende Leib Christi. Besonders deutlich wird dies bei der Bekehrung des Paulus, wo die Stimme Jesu zum ihm sagt: „Saul, Saul, warum verfolgst du mich?" (Apg 9, 4). Jesus identifiziert sich mit den verfolgten Christen. In dieser Sicht war der französische Philosoph Pascal der Überzeugung, dass die Passion Christi in den Gliedern seines Leibes durch die ganze Weltgeschichte weiterdauert: „Bis ans Ende der Welt wird die Agonie Jesu dauern; so lange darf man nicht schlafen!"

So bezieht Romero in seinem zweiten Hirtenbrief auch die Verfolgung der Kirche in El Salvador auf Christus selbst, „denn wer seine Christen anrührt, rührt auch Christus an". Daraus ergibt sich eine doppelte Identifikation des Gottesknechts sowohl mit Christus als auch mit der Kirche: „Der Knecht Jahwes, der Gottesknecht, ist eine geheimnisvolle Gestalt, welche die Interpreten mit Christus identifizieren, nicht nur mit Christus als Einzelperson, sondern auch mit Christus als Gemeinschaft. Der Knecht Jahwes ist Christus und die Christengemeinde ist das christliche Volk."

Auf diesem Hintergrund bringt Romero die Passion des salvadorianischen Volkes mit dem leidenden Gottesknecht und dem gekreuzigten Christus in Verbindung. Ausdrücklich macht er dies zum ersten Mal in seiner Predigt in Aguilares am 19. Juni 1977, nachdem Soldaten das Dorf belagert und – wie Romero es ausdrückte – in „ein Gefängnis und in eine Folterkammer" verwandelt hatten. Romero bezieht sich auf einen Satz des Propheten Sacharja: „Und sie werden auf den blicken, den sie durchbohrt haben" (Sach 12, 10). Im Johannesevangelium wird dieses Schriftwort im Blick auf den am Kreuz sterbenden Jesus wörtlich angeführt. Romero wendet es auf die geschundene Bevölkerung von Aguilares an: „Ihr seid das Bild des durchbohrten Gottessohnes, über den die erste Lesung in einer prophetischen, geheimnisvollen Sprache zu uns spricht, der aber von dem ans Kreuz geschlagenen und von der Lanze durchbohrten Christus verkörpert wird. Er ist das Bild aller Völker, die – wie hier die Bevölkerung von Aguilares – durchbohrt und beleidigt werden."

In seiner Predigt zum ersten Jahrestag der Ermordung von Rutilio Grande vertieft er diese Gedanken: Die armen Campesinos seien es gewesen, die Grande das wahre Bild Christi vermittelt hätten. Rutilio Grande habe zwar als Jesuit immer wieder durch die Exerzitien eine lebendige Begegnung mit Jesus gesucht. Doch das wahre Bild Christi wird „nicht nur in den Exerzitien vermittelt, sondern dadurch, dass man dort mitlebt, wo

Christus in seinem Fleisch leidet, ... wo Christus verfolgt wird, wo Christus in den Menschen gegenwärtig ist, die im Freien schlafen müssen, weil sie kein Haus haben, wo Christus sich in den Krankheiten zeigt, die er als Folge des schlechten Wetters und anderer Entbehrungen erleidet; hier ist Christus mit seinem Kreuz auf den Schultern gegenwärtig, nicht in der Kreuzwegmeditation in einer Kapelle, sondern lebendig im Volk; es ist Christus mit seinem Kreuz auf dem Weg zum Kalvarienberg." Hier wird noch einmal das neue Sehen deutlich, das Romero durch Rutilio Grande gelernt hat: die Betrachtungen des Leidens Christi in den Exerzitien im Zusammenhang mit der grausamen Wirklichkeit zu sehen, die Kreuzwegmeditation in einer Kirche in Verbindung mit dem realen Kreuz des Volkes.

Ebenso stellt er in seiner Predigt am Palmsonntag 1978 eine Verbindung zwischen der wachsenden politischen Repression und dem Kreuzweg Jesu her. Zum ersten Mal prägt er hier das Wort vom „gekreuzigten Volk": „Wir spüren im Christus der Karwoche mit seinem Kreuz auf den Schultern, dass es das Volk ist, das auch sein Kreuz auf sich nimmt. Wir spüren in Christus mit den ausgebreiteten und gekreuzigten Armen das gekreuzigte Volk, ein gekreuzigtes und gedemütigtes Volk, das hier auch seine Hoffnung findet: ‚Ich habe dich gelehrt, Worte des Trostes zu spenden, du hast im Schmerz gelernt, die anderen zu trösten.'"

In Fortführung seiner Predigt vom Palmsonntag greift er am Karfreitag das Bild vom gekreuzigten Volk neu auf und vertieft es: Im Leiden Christi zeigt sich das Leiden des ganzen Volkes und wird damit in das Geheimnis der Erlösung hineingenommen: „Es ist unser gefoltertes Volk, unser gekreuzigtes Volk, das angespuckt und gedemütigt wurde, das Jesus Christus unseren Herrn darstellt, um unserer so schwierigen Situation einen Sinn der Erlösung zu geben."

In der Karfreitagspredigt des darauf folgenden Jahres verweilt er bei dem Schrei Jesu: „Mein Gott, mein Gott, warum hast du mich verlassen?" Wieder zieht er eine direkte Linie in die aktuelle Wirklichkeit El Salvadors: „Wie weit sich Christus doch mit den Leiden unserer Völker identifiziert! So scheinen viele zu schreien, viele in den Elendsvierteln, viele in den Gefängnissen und im Schmerz, viele, die Hunger nach Gerechtigkeit und Frieden haben. ‚Mein Gott! mein Gott! Warum hast du mich verlassen?' Du hast uns nicht verlassen. Das ist die Stunde, in der der Sohn Gottes mit der ganzen Last der Sünden dahingeht im Gehorsam, den Gott von ihm verlangt, um diese Sünden der Menschen, von denen alle Ungerechtigkeit und alle Eigensucht herkommen, zu verzeihen."

Wenn für Romero das „gekreuzigte Volk" zum Zeichen der Gegenwart Christi in der Welt wird, stellt sich die Frage, welchen Stellenwert dann noch die Gegenwart Christi im Sakrament der Eucharistie einnimmt. Die Misshandlung der Bevölkerung von Aguilares und die Schändung der geweihten Hostien im Tabernakel durch die Soldaten betreffen Christus in gleicher Weise: „Im Symbol der Hostie, die in Aguilares mit Füßen getreten wurde, sehen wir das Angesicht Christi am Kreuz." Auch in der Predigt zum Fronleichnamsfest 1978 stellt Romero den Zusammenhang zwischen der Gegenwart Christi im Sakrament der Eucharistie und der Misshandlung so vieler Menschen in El Salvador her: „Eine Verehrung für den Leib und das Blut des Menschensohnes erscheint durchaus am Platze, solange es so viele Übergriffe auf den Leib und das Blut in unserer Bevölkerung gibt. Ich möchte gerne in diese Feier unseres Glaubens zu Ehren der Gegenwart des Leibes und des Blutes Christi, das für uns vergossen worden ist, all das Blut und die Berge von Leichen mit hineinnehmen, die hier in unserer Heimat und in der ganzen Welt dahingemordet werden."

Auf die Identifikation von gemartertem Volk, leidendem Gottesknecht und gekreuzigtem Gottessohn kommt Romero schließlich in einer sehr dichten Weise in seiner Rede in Löwen zu sprechen: „Die wirkliche Verfolgung richtet sich gegen das arme Volk, das heute der Leib Christi in der Geschichte ist. Es ist das gekreuzigte Volk – wie Jesus, es ist das verfolgte Volk – wie der leidende Gottesknecht. Es ergänzt an seinem Leib, was an den Leiden Christi fehlt." Der letzte Satz enthält eine Anspielung auf eine Aussage des heiligen Paulus im Kolosserbrief: „Jetzt freue ich mich in den Leiden, die ich für euch ertrage. Für den Leib Christi, die Kirche, ergänze ich an meinem irdischen Leben, was an den Leiden Christi noch fehlt" (Kol 1, 24). Auf rätselhafte Weise sagt Paulus hier, dass an den Leiden Christi noch etwas fehlt und zu ergänzen ist. Dabei stellt er einen Zusammenhang zwischen seinen eigenen Leiden und den Leiden Christi her. In diesem Sinn bezieht Romero auch die Leiden des gekreuzigten Volkes auf Christus.

Diese Zusammenschau zwischen dem Leiden der Armen und dem leidenden Christus wurde zu einem wichtigen Thema auf der Bischofsversammlung in Puebla. Zur Gegenwart Christi in der Geschichte heißt es, dass er „sich mit besonderer Zuneigung mit den Schwächsten und Ärmsten identifizieren wollte". Diese Identifikation kommt im vielleicht schönsten Abschnitt des Dokuments von Puebla zum Ausdruck, wo die Leidensgesichter Lateinamerikas mit dem Leidensantlitz Christi in Verbindung gebracht werden. Romero zitiert diesen Abschnitt in seinem vierten Hirtenbrief und kommt immer wieder auf ihn zu sprechen:

„Diese äußerste alles umfassende Armut nimmt im täglichen Leben sehr konkrete Züge an, in denen wir das Leidensantlitz Christi, unseres Herrn, erkennen sollten, der uns fragend und fordernd anspricht in

- den Gesichtern der Kinder, die schon vor ihrer Geburt mit Armut geschlagen sind, die in den Möglichkeiten ihrer Selbstverwirklichung durch irreparable geistige und körperliche Schäden behindert werden und die in unseren Städten, oftmals ausgebeutet, als Produkt der Armut und des moralischen Zerfalls der Familie ein Vagabundendasein fristen;
- den Gesichtern der jungen Menschen ohne Orientierung, da sie keinen Platz in der Gesellschaft finden und frustriert sind, insbesondere in ländlichen Gebieten und in den Randzonen der Städte, da sie weder Ausbildung noch Beschäftigung finden;
- den Gesichtern der Indios und häufig auch der Afroamerikaner, die am Rand der Gesellschaft in unmenschlichen Situationen leben und somit als die Ärmsten unter den Armen betrachtet werden können;
- in den Gesichtern der Landbevölkerung, die als gesellschaftliche Gruppe fast auf dem ganzen Kontinent in der Verbannung lebt, die manchmal des Grund und Bodens beraubt ist, sich in innerer und äußerer Abhängigkeit befindet und Vermarktungssystemen unterworfen ist, die sie ausbeuten;
- den Gesichtern der Arbeiter, die häufig schlecht bezahlt sind und Schwierigkeiten haben, sich zu organisieren und ihre Rechte zu verteidigen;
- den Gesichtern der Unterbeschäftigten und Arbeitslosen, die aufgrund der harten Bedingungen von Wirtschaftskrisen und Entwicklungsmodellen entlassen wurden, welche die Arbeiter und ihre Familien von kaltem wirtschaftlichem Kalkül abhängig machen;
- den Gesichtern der Randgruppen der Gesellschaft und derer, die auf viel zu engem Raum leben, die unter dem doppelten Druck des Mangels an materiellen Gütern und dem sichtbaren Reichtum anderer Gesellschaftsschichten leiden;

– den Gesichtern der Alten, deren Zahl ständig zunimmt, und die oft von der Fortschrittsgesellschaft ausgeschlossen werden, da man unproduktive Individuen nicht brauchen kann."

So wie das Kreuz Jesu der Mittelpunkt des christlichen Glaubens ist, steht für Romero das gekreuzigte Volk im Zentrum seines Glaubens und seiner Spiritualität. In ihm wird das Kreuz Jesu hier und jetzt gegenwärtig. Doch im Kreuz zeigt sich nicht nur Sünde und Leiden, es ist auch Zeichen der Erlösung und des Heils. So ist Romero der Überzeugung, dass auch das gekreuzigte Volk Licht und Heil vermittelt. Es ruft diejenigen, die für sein Leiden verantwortlich sind, zur Umkehr. An ihm erfüllt sich, was dem Gottesknecht verheißen ist: „Ich mache dich zum Licht für die Völker; damit mein Heil bis an die Enden der Erde reicht" (Jes 49,6).

Romeros Spiritualität

Romeros Entwicklung, seine Bekehrung spiegelt sich in seiner Spiritualität. So wie er sich selbst entwickelt und verändert hat, hat sich auch seine Frömmigkeit gewandelt. Lange war seine Spiritualität von der scharfen, vorkonziliaren Trennung zwischen Glaube und Welt geprägt. Spiritualität, wie Romero sie da noch verstand, hatte einen starken Zug zur Weltabgewandtheit und Innerlichkeit. Doch dann lernte er immer mehr zu sehen, dass christliche Spiritualität nicht aus der „Welt" heraus-, sondern immer mehr in sie hineinführte. Er machte die beglückende Erfahrung, dass Gott unter den Armen sein Zelt aufgeschlagen hat. Je mystischer er wurde, desto politischer wurde er. Beispielhaft an Romero ist, wie er sein Gebet und sein prophetisch-politisches Handeln immer mehr in eine Einheit brachte.

Ein Mann des Gebets

Das Gebet war für Romero unverzichtbar, lebensnotwendig. So sagte er eindringlich: „Der Mensch, der nicht betet, hat nicht seine ganze menschliche Kraft entwickelt; der Mensch, der nicht betet, weil er glaubt, dass Gott nicht existiert, ist verstümmelt; der Mensch, der nicht betet, weil er sich vor seinem Materialismus hinkniet – möge er Geld, Politik oder sonst wie heißen, hat die wahre Größe seines Menschseins nicht verstanden." Der Mensch findet für Romero erst zu sich selbst im Gespräch mit Gott.

Dementsprechend nahm das Gebet einen zentralen Stellenwert in Romeros Leben ein. Ricardo Urioste ist überzeugt, dass er „niemals etwas gesagt, niemals etwas getan hat, bevor er es nicht mit Gott besprochen hatte". Die Verbundenheit mit Gott war der Cantus firmus seines Lebens. 1978 notiert er in seinen Exerzitien: „Gott ist gütig, und ich kann leicht zu ihm finden." Dem entspricht in einer Predigt die Aussage: „In jedem Augenblick, wenn ich mich im Gebet sammeln möchte, wartet Gott auf mich und hört mich."

Zu dieser lebendigen Begegnung mit Gott wollte er auch die Menschen führen. So finden sich in seiner Predigt vom 10. Februar 1980 – mitten in der damals politisch hoch explosiven Lage El Salvadors – die Worte: „Niemand kennt sich, wenn er Gott nicht begegnet ist... Wie schön wäre es, meine Schwestern und Brüder, wenn die heutige Predigt dazu führte, dass jeder unter uns sich auf den Weg zur Begegnung mit Gott machte."

Romero war ein ungemein aktiver Mensch. Die Kraft für seine vielfältigen Aktivitäten schöpfte er aus seinem Gebet. Wiederholt bezog er sich auf das benediktinische „ora et labora", in dem das sich gegenseitig befruchtende Wechselspiel von Gebet und Arbeit zum Ausdruck kommt. Er würdigte die Bedeutung der kontemplativen Orden in unserer Zeit des Aktivismus. Den Priestern sagte er in diesem Zusammenhang, dass nicht alles im Predigen und Arbeiten besteht, „sondern dass unsere besten Stunden die sind, die wir vor dem Herrn kniend im kontemplativen Gebet verbringen". Aus dieser Quelle – so betonte er – schöpfte er selber die größte Zufriedenheit und das tiefste Glück.

Als ihn ein Journalist kurz vor seiner Ermordung nach der Inspirationsquelle für seine Arbeit und seine Predigten fragte, wies er ihn auf seine eben beendeten Exerzitien und auf seine Verbundenheit mit Gott im Gebet hin. Plácido Erdozaín schreibt 1980 im ersten Buch über Romero noch aus der lebendigen Erinnerung: „Ob er lächelte oder ob er ernst war, immer strahlte er diese tiefe Stille aus, welche sein Kern zu sein schien. Unser Bischof war irgendwie präsent, selbst wenn er nicht da war... Er sprach wenig, hörte viel zu, aber er übermittelte immer etwas: die Stille, die von ihm ausging, das Zeichen eines Mannes des Gebets."

Romero scheinen in seinem Gebetsleben auch besondere mystische Erfahrungen geschenkt worden zu sein. Einmal erwähnte er ein außerordentliches Erleben von Einheit mit dem Universum, was er als „kosmische Erfahrung" bezeichnete. Doch nach allem, was bekannt ist, haben diese außergewöhnlichen geistlichen Erfahrungen keine besondere Rolle für ihn gespielt.

Romero praktizierte zeit seines Lebens traditionelle Gebets- und Frömmigkeitsformen wie das Rosenkranzgebet und die eucharistische Anbetung. Doch immer mehr gehen in sein Beten seine konkreten Erfahrungen und Begegnungen ein. In Santiago de María erwähnt er gegenüber Juan Macho, wie seine Gespräche mit den Kaffeepflückern zum Gegenstand seines Betens wurden: ihre Kämpfe, ihre Träume, ihre Niederlagen, das ganze

Leben der Armen. Verstärkt nimmt er im Alltag Zeichen und Anrufe Gottes wahr. Damit näherte er sich dem ignatianischen „Gott in allen Dingen finden". Die ignatianischen Exerzitien enthalten eine methodische Anleitung dafür, in konkreten Lebensentscheidungen den Willen Gottes zu finden und ihm zu entsprechen. Im Gebet versuchte Romero herauszufinden, was Gott von ihm in einer konkreten Situation oder in einer ganz bestimmten Fragestellung wollte.

Zugleich auf Gott und die eigenen Fähigkeiten vertrauen

Spiritualität umfasste für Romero nicht nur ausdrücklich geistliche Vollzüge wie Gebet, Exerzitien und Gottesdienst, sie prägte sein ganzes Leben. Für ihn gab es keine Zweifel an der Notwendigkeit der inneren Einkehr, doch ebenso klar war für ihn, dass man dabei nicht stehen bleiben darf. In einer Predigt über die Verklärung Jesu beschäftigt er sich mit dem Vorschlag des Petrus, drei Hütten auf dem Berg zu bauen. Dies birgt für Romero die Gefahr einer weltentrückten, von der Realität abgehobenen Spiritualität. Es könne zwar schön sein, eine „Frömmigkeit zu praktizieren, die nur aus Liedern und Gebeten, aus geistlichen Meditationen und nur aus Betrachtung besteht". Dafür sei aber genug Zeit im Himmel. Jesus stieg mit seinen Jüngern vom Berg der Verklärung wieder hinunter, um sich den konkreten Herausforderungen der Lebenswelt der Menschen zu stellen. Dieser Abstieg vom Berg der Verklärung beschreibt auch die Grundbewegung von Romeros Spiritualität: Sie ist eine inkarnatorische Spiritualität, die den Weg Gottes von oben nach unten in die Alltäglichkeit des Lebens und in die Armut nachvollzieht.

In seinem Gebet bringt Romero sein Vertrauen auf Gott zum Ausdruck. Doch Beten heißt nicht, das von Gott zu erwarten, was man selber tun kann. Beten heißt für ihn, all das zu tun, was in den Kräften des Menschen steht, und gleichzeitig auf das Wirken Gottes zu vertrauen. Ein falsch verstandenes Gottvertrauen kann sogar entfremdend wirken: „Beten und alles von Gott erwarten und nichts tun, das ist nicht beten. Das ist Faulheit und Entfremdung. Das ist Passivität und Anpassung. Die Zeiten sind vorbei, meine Schwestern und Brüder, wo man sagte, das sei der Wille Gottes. Viele Dinge, die geschehen, sind nicht der Wille Gottes. Wenn der Mensch von seiner Seite etwas dazu beitragen kann, um die Verhältnisse zu verbessern und wenn er Gott um den Mut bittet, das zu tun, dann handelt es sich um Gebet."

Im Begriff der Entfremdung klingt die marxistische Religionskritik an, die Religion vertröste die Menschen auf ein imaginäres Jenseits und trage damit zur Verfestigung der bestehenden Unrechtsverhältnisse bei. Romero setzt sich wiederholt mit dieser Kritik auseinander und sucht nach einer Verbindung zwischen den Anstrengungen kommunistischer Weltveränderung und dem Vertrauen auf Gott. Der christliche Glaube muss die eigenen Kräfte im Menschen wecken und seine Anstrengungen mit dem Vertrauen auf Gott verbinden.

Darin klingt ein von Ignatius von Loyola überlieferter Satz an: „Vertraue so auf Gott, als ob der Erfolg deiner Arbeit ganz von dir und nicht von Gott abhinge: Wende aber darauf allen Fleiß an, als ob du nichts und Gott allein alles vollenden werde." Dieser Satz ist kompliziert und auf den ersten Blick sogar widersprüchlich: Wie soll ich so auf Gott vertrauen, als ob der Erfolg meiner Arbeit nicht von ihm abhinge? Und wie soll ich so meine eigenen Fähigkeiten einbringen, als ob Gott alles vollenden würde?

So existiert auch eine vereinfachte Fassung dieses Satzes: „Vertraue so auf Gott, als ob der Erfolg deiner Arbeit einzig von Gott abhinge und nicht von dir. Wende aber allen Fleiß so an, als ob von Gott nichts und von dir alles abhinge." In beiden Fassungen geht es um dieselbe innere Haltung. Doch Ignatius hat in der ersten, komplizierteren Fassung Gottvertrauen und Einsatz eigener Fähigkeiten bewusst dialektisch ineinander verschränkt: Beim Einsatz meiner eigenen Fähigkeiten und Möglichkeiten soll ich mir immer bewusst bleiben, dass letztlich der Erfolg von Gott abhängt, und beim größten Gottvertrauen soll ich nicht vergessen, selber nach Kräften mitzuwirken. Pierre Teilhard de Chardin hat die damit verbundene Grundhaltung treffend als „engagierte Gelassenheit" bezeichnet. Knapp könnte man diese Einstellung auch so umschreiben: Es kommt auf mich an, aber es hängt nicht von mir ab. Ich muss die Welt nicht retten. Doch Gott lädt mich ein, am Aufbau seines Reiches in der Welt mitzuarbeiten.

In verschiedenen Zusammenhängen und Formulierungen bezieht sich Romero immer wieder auf diesen Satz des Ignatius von Loyola. Er findet die darin ausgedrückte Grundhaltung bei der Mutter Jesu auf der Hochzeit von Kana: „Die Haltung Marias muss unsere Haltung als Kirche sein: vertrauensvoll und doch aktiv. Beten, als ob alles von Gott abhinge, aber arbeiten, als ob alles von uns abhinge." In Romeros Spiritualität verbinden sich die menschlichen Anstrengungen mit dem Vertrauen auf Gott. Zur Lösung der komplexen Probleme El Salvador hat er alles getan, was er von sich aus tun konnte, und dabei doch nie vergessen, dass es letztlich auf Gott ankommt.

Dem entspricht auch das Verhältnis von Gebet und Aktivität, wie es in der ignatianischen Formel „contemplativus in actione" zum Ausdruck kommt. Was Ignatius von Loyola damit meinte, erläuterte einer der ersten Jesuiten so: „Er wollte nicht, dass die Mitglieder der Gesellschaft Gott nur im Gebet finden, sondern in allen Arbeiten, weil auch die Betätigung ein Gebet ist." In diesem Sinn war Romero ein Mann des Gebets und zugleich der Tat: kontemplativ in der Aktion.

Die Verschränkung von Aktion und Kontemplation, von Gottvertrauen und dem Einsatz aller menschlichen Möglichkeiten ist für Romero letztlich begründet im Geheimnis der Menschwerdung Christi. Dies verdeutlicht er in einer Priesterversammlung: „Christus ist nämlich das große Geheimnis der Transzendenz und Immanenz… Christus ist das Wort, das Fleisch wurde: Mysterium der Immanenz: Gott wird Mensch, stellt sich den menschlichen Realitäten und erleuchtet sie alle, ist dabei aber immer Gott. So muss auch der Priester die Identität seiner Kirche vollziehen, mit ihrer Sendung, alle Wirklichkeit der Erde zu erleuchten: politische, soziale und wirtschaftliche, ohne aber je ihre eigene Identität zu verlieren. Die andere Tendenz ist die Transzendenz; denn wenn Christus Mensch wurde, so deshalb, um alles zu Gott zu erheben."

So wie in Jesus Christus menschliche und göttliche Natur unvermischt und ungetrennt miteinander verbunden sind, sind auch menschliches Handeln und Wirken Gottes, Natur und Gnade, Gebet und aktiver Einsatz für die Gerechtigkeit miteinander verbunden. Dementsprechend warnt Romero in seinem vierten Hirtenbrief in der Verkündigung des Evangeliums vor einer Verkürzung in beiderlei Richtungen: indem man nur die transzendenten Elemente der Spiritualität und der menschlichen Bestimmung betont oder indem man nur die immanenten Elemente des Reiches Gottes hervorhebt und dieses auf die Erde reduziert.

Vermieden werden soll sowohl eine von der Wirklichkeit abgehobene Spiritualität als auch ein Christsein, das sich nur auf das politische Engagement beschränkt; vermieden werden sollen sowohl spiritualistische Fluchttendenzen als auch ein revolutionärer Fanatismus. Romero als Meister der Spiritualität macht deutlich, dass Spiritualität nichts mit Weltflucht und auch nicht mit Esoterik zu tun hat, sondern dass es in ihr vor allem um das Leben der Armen geht. Die Kurzformel seiner Spiritualität lautet: „Die Ehre Gottes ist es, dass der Arme lebt."

Hoffnung wider alle Hoffnung

Ein wesentliches Merkmal von Romeros Spiritualität ist es, dass er auch in scheinbar ausweglosen Situationen nie die Hoffnung aufgab. Seine Haltung war dabei nicht die der Beschwichtigung nach dem Motto: „Es wird schon alles gut ausgehen." Mit Paulus übte er sich in der „Hoffnung wider alle Hoffnung". Eine wesentliche, wenn nicht die zentrale Aufgabe der Kirche sah er darin, inmitten der Schwierigkeiten und Probleme die Hoffnung am Leben zu halten. Er bezeichnete es einmal als „den Ruhm der Kirche von San Salvador, dass sie in dieser Stunde die Hoffnung aufrechterhalten hat". Im zweiten Hirtenbrief wies er auf das Paradox hin, dass es trotz der Bedrohung und der Verfolgung der Kirche noch nie soviel Hoffnung in der Erzdiözese gegeben habe.

Immer wieder wendet er sich gegen die Pessimisten, die alles als verloren und die Geschichte des Landes in einer Sackgasse sehen. „Voller Hoffnung und Glaube, und zwar nicht nur eines in Gott, sondern auch in den Menschen begründeten Glaubens, sage ich: Doch, es gibt einen Ausweg, aber die Auswege dürfen nicht verschlossen werden." Die Hoffnung Romeros gründet sich auf den auferstandenen Herrn, „der das Siegeslied über alle Unterdrückungen der Erde singt". Er bezieht sich wiederholt auf das in El Salvador beliebte Lied: „Ich glaube fest daran, dass sich alles ändern wird..." Einer seiner bekanntesten Hoffnungssätze lautet: „Über diesen Ruinen wird die Herrlichkeit des Herrn aufleuchten."

Romero stellte seine Verkündigung der Hoffnung in die Tradition der Propheten Israels. Diese haben keine billige Hoffnung verkündet. Die Hoffnung der Propheten war vom Vertrauen getragen, dass Gott die Geschichte seines Volkes durch alle Untergänge, alle Untreue und Katastrophen hindurch doch zum Heil lenken würde. Doch zur Hoffnung der Propheten gehörte es auch, dass keiner von ihnen zu seinen Lebzeiten ihre Erfüllung erlebt hat.

III
ROMEROS AKTUALITÄT

War schon im Zusammenhang mit seiner Bekehrung vom „Wunder Romero" die Rede, so kann man auch angesichts seiner bis heute andauernden Ausstrahlung in El Salvador, in Lateinamerika und weltweit von einem ähnlichen Wunder sprechen. An ihm selbst hat sich seine letzte Predigt erfüllt: Das Weizenkorn ist in die Erde gefallen und hat reiche Frucht gebracht. Oscar Romero ist zu einem Symbol für eine menschenfreundliche Kirche geworden, die sich auf die Seite der Armen stellt und ihre Rechte verteidigt. Diese Ausstrahlung ist umso erstaunlicher, weil diejenigen, die hinter seiner Ermordung standen, versuchten, auch die Erinnerung an ihn auszulöschen.

Auferstehung im Volk von El Salvador

An Romero scheiden sich in El Salvador über seinen Tod hinaus die Geister. Fragt man einfache Menschen, was Romero für sie bedeutet, so weisen die Antworten immer in dieselbe Richtung – Ermutigung und Hoffnung: „Er hat die Wahrheit gesagt, er hat uns verteidigt, und deswegen haben sie ihn umgebracht." Dagegen ist Romero für viele der Mächtigen und Reichen noch immer ein Stein des Anstoßes. Obwohl man ihn offiziell totschwieg, hat er auch in den Jahren nach seiner Ermordung einen Einfluss auf die Geschichte El Salvadors ausgeübt.

Zwölf Jahre Bürgerkrieg

An der Beerdigung Oscar Romeros in der Kathedrale am 30. März 1980 nahm von den salvadorianischen Bischöfen nur Arturo Rivera y Damas teil. Papst Johannes Paul II. sandte als seinen Vertreter Kardinal Ernesto Corripio aus Mexiko. 28 weitere Bischöfe und über 300 Priester konzelebrierten. Der Altar war vor dem Haupteingang der Kathedrale aufgestellt, 250 000 Menschen füllten den Platz. Während der Predigt von Kardinal Corripio explodierte an einer Ecke des Platzes eine Bombe. Gleichzeitig wurde aus dem angrenzenden Nationalpalast in die Menge geschossen. Die Menschen gerieten in Panik und drängten in die Kathedrale. Eilig bestattete man Romeros Leichnam in einem Seitenflügel. Das Requiem konnte nicht zu Ende gefeiert werden. Über 40 Tote und Hunderte von Verletzten waren zu beklagen. Die Regierung versuchte, die „Revolutionäre Koordinierende Kommission der Volksbewegungen" für dieses Massaker verantwortlich zu machen. Doch die anwesenden Journalisten aus der ganzen Welt hatten mit eigenen Augen gesehen, dass es Soldaten waren, die in die Trauergemeinde geschossen hatten.

In den folgenden Monaten herrschte in El Salvador der Terror der Todesschwadronen: Tausende wurden vor allem nachts aus ihren Wohnungen verschleppt und umgebracht. Die linken Volksorganisationen schlossen sich im Oktober 1980 zur Guerilla „Nationale Befreiungsfront Farabundo Martí" (FMLN) zusammen. Ende 1980 brach der Bürgerkrieg aus, vor dem Romero so inständig gewarnt hatte. Auf der Seite der Armee finanzierten die USA den Krieg mit über drei Milliarden Dollar. Die US-Regierung sah die Auseinandersetzungen in El Salvador im Zusammenhang mit dem Ost-West-Konflikt. Nach Nicaragua wollte sie mit allen Mitteln verhindern, dass sich in Zentralamerika eine weitere, linksgerichtete Regierung etablierte, die sich ihrer Kontrolle entzog. Unter der Reagan-Administration spielte die Beachtung der Menschenrechte als Bedingung für militärische Unterstützung kaum noch eine Rolle. Erzbischof Rivera y Damas bemerkte dazu einmal: „Die USA liefern die Waffen, und wir liefern die Toten."

In den ersten Jahren des Bürgerkriegs verübte die Armee grauenhafte Massaker an der Zivilbevölkerung. Die Kirche wurde weiterhin blutig verfolgt. Bei Razzien genügte mitunter schon ein Bild von Oscar Romero in einer Hütte, um die Bewohner zu verschleppen und umzubringen. Die Dokumente von Medellín und sogar die Bibel galten als „subversiv". Weltweites Aufsehen erregte im Dezember 1980 die Ermordung von drei nordamerikanischen Ordensfrauen und einer Missionshelferin. Wieder deuteten alle Indizien auf Täter aus der Armee. Wie später nachgewiesen werden konnte, verhinderte auch der damalige US-Außenminister Alexander Haig wissentlich eine Aufklärung des Verbrechens.

Mit El Mozote im Osten des Landes wurde ein ganzes Dorf ausgelöscht. Am 12. Dezember 1981 fielen Soldaten des Elitebataillons Atlacatl in El Mozote ein und ermordeten über 800 Menschen, die Mehrzahl von ihnen Frauen und Kinder. In der zerstörten Kirche des Ortes, in der Hunderte von Leichen aufgetürmt waren, hinterließen sie ihre schriftliche Visitenkarte: „Hier kam das Bataillon Atlacatl vorbei, die Engel der Hölle."

An Romeros Stelle wurde Arturo Rivera y Damas eingesetzt, allerdings nur als apostolischer Administrator. Erst 1983 wurde Rivera y Damas zum Erzbischof und damit im eigentlichen Sinn zum Nachfolger Romeros ernannt. Rivera wusste sich zeit seines Lebens dem Erbe Romeros verpflichtet. Zusammen mit seinem Weihbischof Gregorio Rosa Chávez und Ignacio Ellacuría spielte er eine wichtige Rolle in der Anknüpfung des Friedensdialogs zwischen Regierung und Guerilla zu einer Zeit, als das bloße

Wort „Dialog" bei der extremen Rechten schon als Hochverrat galt. In der Tradition Romeros forderten die beiden Bischöfe unter Einsatz ihres Lebens unermüdlich die Einhaltung der Menschenrechte ein und prangerten Folterungen und Morde von Armee und Sicherheitskräften an.

Ein kirchengeschichtliches Ereignis war für El Salvador der Besuch von Papst Johannes Paul II. im Jahr 1983. Abweichend vom offiziellen Protokoll bestand der Papst darauf, das Grab Romeros im Seitenschiff der Kathedrale aufzusuchen und dort zu beten. Öffentlich lobte er ihn als eifrigen Hirten, der sein Leben aus Liebe zu Gott und im Dienst an den Menschen hingegeben habe. Von politisch großer Bedeutung war es, dass sich der Papst ausdrücklich für einen Friedensdialog zur Beendigung des Krieges aussprach. Bei seinem zweiten Besuch in El Salvador im Jahr 1996 betete er wieder am Grab Romeros.

Mit der Ermordung der sechs Jesuiten und der beiden Frauen in der Zentralamerikanischen Universität am 16. November 1989 erreichte die Verfolgung der Kirche in El Salvador einen neuen Höhepunkt. Als sich einige Wochen später herausstellte, dass eine reguläre Einheit der Armee diese Morde ausgeführt hatte, kam es im September 1991 zu einem Prozess, bei dem zum ersten Mal in der Geschichte des Landes acht Soldaten und Offiziere der Armee auf der Anklagebank saßen. Zwar wurden nur zwei von ihnen verurteilt und bald wieder freigelassen, doch dieses Verbrechen wurde zu einem Wendepunkt in der Geschichte des Bürgerkriegs. Als nach und nach deutlich wurde, dass die gesamte militärische Führung involviert war, geriet die Armee in die Defensive. Ein salvadorianischer Offizier sagte, nichts habe der Armee in den Jahren des Kriegs gegen die Guerilla so sehr geschadet wie diese von ihr selbst angeordneten Morde.

Der lang ersehnte Frieden

Von Anfang 1990 an wurden unter Vermittlung der Vereinten Nationen langwierige Friedensverhandlungen zwischen Regierung und Guerilla geführt, die schließlich in die Unterzeichnung eines umfassenden Friedensvertrags am 16. Januar 1992 mündeten. Die Verträge gaben vier Hauptziele vor: den bewaffneten Konflikt zu beenden, die politische und soziale Demokratisierung des Landes voranzutreiben, die strikte Einhaltung der Menschenrechte zu gewährleisten und die salvadorianische Gesellschaft zu Versöhnung und Einheit zu führen. Der zwölfjährige Bürgerkrieg hatte 80 000 Tote gefordert, etwa 1,5 Millionen Salvadorianer zur Emigration ins Ausland getrieben und eine halbe Million Menschen im Land selbst zu Flüchtlingen gemacht.

Am 1. Februar 1992 feierte die Bevölkerung El Salvadors den Friedensschluss mit einem großen Fest. Auf dem Platz vor der Kathedrale, wo so viel Blut geflossen war, lagen sich die Menschen in den Armen. Auch Erzbischof Romero war auf eine für alle sichtbare Weise gegenwärtig. Von den beiden Türmen der Kathedrale hingen zwei große Spruchbänder. Auf dem einen stand „Sentir con la Iglesia" – „Eines Sinnes mit der Kirche sein": das Leitwort, unter das Romero sein Bischofsamt gestellt hatte. Auf dem anderen war zu lesen: „Monseñor, du bist in deinem Volk auferstanden!" Das war wie eine bekräftigende Antwort auf Romeros eigene Voraussage: „Wenn sie mich umbringen, werde ich im salvadorianischen Volk auferstehen."

Die Hoffnungen auf einen wirklichen Neuanfang waren groß. Die Friedensverträge boten dafür auch gute Voraussetzungen. Die alten Sicherheitskräfte, auf deren Konto die schlimmsten Menschenrechtsverletzungen gingen, wurden aufgelöst und von einer neuen Zivilpolizei ersetzt. Die Armee wurde verkleinert und ist im Großen und Ganzen in ihre Kasernen zurückgekehrt. Die Guerilla hat sich in eine politische Partei umgewandelt und konnte bei den ersten freien Wahlen ein Viertel der Parlamentssitze erobern. Doch wesentliche Punkte des Friedensabkommens im Bereich des Wahlrechts, des Justizwesens und der Menschenrechte blieben bis heute unerfüllt.

Auch nach der Unterzeichung der Friedensverträge 1992 sind die Probleme El Salvadors weit von einer Lösung entfernt. Das Land befindet sich immer noch in einem schwierigen und zerbrechlichen Übergangsprozess vom Bürgerkrieg zu einem wirklichen Frieden, von den jahrzehntelangen Militärdiktaturen zur Demokratie, von extremen sozialen Polarisierungen zu einer nationalen Versöhnung. Am schwierigsten ist das Problem der Gewalt, der heute mehr Menschen zum Opfer fallen als in den Zeiten des Bürgerkriegs. Noch vor Kolumbien ist El Salvador das Land Lateinamerikas, in dem – auf die Bevölkerung umgerechnet – am meisten Menschen umgebracht werden.

Die Hintergründe von Romeros Ermordung

Bis heute kam es zu keiner gerichtlichen Aufklärung des Mordes an Erzbischof Romero. Dabei weiß man inzwischen ziemlich genau Bescheid über die Täter und ihre Hintermänner. Von Anfang an wurde die Aufklärung von den zuständigen Behörden mehr behindert als vorangetrieben. Die Polizei inspizierte den Tatort erst neun Tage nach dem Verbrechen. Sie nahm aber keinerlei Beweise auf und vernahm auch keinen der Zeugen. Bei der Autopsie wurden Splitter einer Kugel vom Kaliber 22 Millimeter gefunden, was aber im Protokoll unberücksichtigt blieb. Der Direktor der Nationalpolizei erklärte drei Wochen später, es sei unmöglich gewesen, das Kaliber der Kugel herauszufinden.

Zum Untersuchungsrichter wurde Atilio Ramírez Ayala bestimmt. Drei Tage nach seiner Ernennung drangen Unbekannte in sein Haus ein, gaben Schüsse auf ihn ab und verletzten dabei eine Hausangestellte. Ramírez verließ El Salvador und kehrte nicht mehr zurück. Der Augenzeuge Napoleón González, der das Auto mit den Mördern davonfahren sah, wurde entführt und nie mehr gesehen.

Roberto D'Aubuisson, der den Mord angeordnet hatte, führte mit Unterstützung der Armee eine öffentliche Kampagne mit dem Ziel, der Linken die Schuld am Mord Romeros in die Schuhe zu schieben. Am 7. Mai 1980 wurden zwölf Offiziere der Armee und zwölf Zivilisten auf einem Anwesen bei San Salvador unter dem Verdacht verhaftet, einen Putsch zu planen. Unter ihnen war D'Aubuisson. In den beschlagnahmten Dokumenten fanden sich deutliche Hinweise auf die Ermordung Romeros. Doch keines dieser Dokumente wurde dem neuen Untersuchungsrichter zur Verfügung gestellt.

D'Aubuisson gründete im September 1981 die ultrarechte Republikanisch-Nationalistische Allianz (ARENA), die seit 1988 in El Salvador an der Regierung ist. Im März 1984 präsentierte D'Aubuisson auf einer Videokassette die Aussage eines angeblichen Kommandanten der Guerilla mit Namen Pedro Lobo, der die Verantwortung für die Ermordung Romeros übernahm. Doch es stellte sich heraus, dass Lobo ein gewöhnlicher Krimineller war, den man mit 50 000 Dollar bestochen hatte.

Der 1984 gewählte christdemokratische Präsident Napoleón Duarte legte ein öffentliches Versprechen ab, für die Aufklärung der Ermordung Romeros zu sorgen. Doch erst im Januar 1986 kam wieder Bewegung in den Fall. Neue Aussagen von Amado Garay, der das Auto mit dem Scharfschützen gesteuert hatte, belasteten wiederum Roberto D'Aubuisson, jedoch ohne dass dieser vor Gericht gestellt wurde. Als Abgeordneter und Präsident der Nationalversammlung genoss er parlamentarische Immunität. D'Aubuisson starb 1992 an Kehlkopfkrebs. Erzbischof Rivera y Damas erklärte vor den Wahlen 1994, ein Katholik könne nicht für die Partei stimmen, die vom Mörder Romeros gegründet wurde und ihn bis heute als Helden verehrt. Die Verdrehung ging so weit, dass ein Regierungsmitglied 1998 Romero als eine Katastrophe und D'Aubuisson als Märtyrer bezeichnete. D'Aubuisson gilt bis heute bei seinen Parteigängern als großer Patriot, der El Salvador vor dem Kommunismus bewahrt habe.

Bestandteil der Friedensverträge von 1992 war die Einsetzung einer Wahrheitskommission zur Untersuchung der schlimmsten Verbrechen und Menschenrechtsverletzungen in der jüngeren Vergangenheit El Salvadors. Die Kommission veröffentlichte ihren Bericht am 15. März 1993. Aus dem Bericht ergab sich, dass die Armee für mehr als 90 Prozent der Greueltaten während des Bürgerkriegs verantwortlich war. Einer der untersuchten Fälle war die Ermordung Erzbischof Romeros. Was man bis dahin in El Salvador nur hinter vorgehaltener Hand sagen konnte, war hier schwarz auf weiß dokumentiert: „Es ist völlig offensichtlich, dass der frühere Major Roberto D'Aubuisson den Befehl zur Ermordung des Erzbischofs gab und dass er den Mitgliedern seines Sicherheitsdienstes, die als ‚Todesschwadron' agierten, genaue Anweisungen gab, wie der Mord zu organisieren und zu überwachen sei."

Auch die Korruption in der Justiz wurde exemplarisch aufgedeckt: „Es ist völlig offensichtlich, dass der Oberste Gerichtshof eine aktive Rolle dabei spielte, die Auslieferung des früheren Hauptmanns Saravia (der zusammen mit anderen aktiv in die Planung und Ausführung des Mordes verwickelt war) aus den Vereinigten Staaten und seine anschließende Haft in El Salvador zu verhindern. Dadurch stellte er unter anderem die Straflosigkeit für diejenigen sicher, die den Mord geplant hatten."

Den Abmachungen bei der Einsetzung der Wahrheitskommission entsprechend sollten die Verantwortlichen für die dokumentierten Verbrechen vor Gericht gestellt und Wiedergutmachung für die Opfer geleistet werden. Doch fünf Tage nach der Veröffentlichung des Berichts verabschiedete die Nationalversammlung ein umfassendes Amnestiegesetz unter dem verlogenen Namen „Gesetz zur nationalen Versöhnung". Es umfasst sämtliche Verbrechen und Menschenrechtsverletzungen, die seit dem 1. Januar 1980 begangen worden waren. Indem alles unter den Teppich gekehrt wurde, verspielte man die Chance auf eine wirkliche Versöhnung. Überdies verstößt diese Generalamnestie gegen die salvadorianische Verfassung und internationale Menschenrechtsverträge, die El Salvador ratifiziert hat.

Im September 1993 brachten der Bruder Romeros, Tiberio Arnaldo Romero, und Maria Julía Hernández, die Direktorin des erzbischöflichen Menschenrechtsbüros, den Fall vor die Interamerikanische Menschenrechtskommission in Washington. Die Anklage lautete, dass „Agenten der Republik von El Salvador, die zu Todesschwadronen gehörten, Monseñor Oscar Arnulfo Romero außergerichtlich hingerichtet haben". Die Kommission forderte bis August 1997 viermal vergeblich Informationen und Auskünfte von der Regierung El Salvadors. Erst im Februar 1998 kam eine Antwort der Regierung, in der aber nur unter Berufung auf das Amnestiegesetz von 1993 gefordert wurde, den Fall zu den Akten zu legen.

Die Geschichte der Nichtaufklärung der Ermordung Romeros ist symptomatisch dafür, dass die Greueltaten des Bürgerkriegs in El Salvador bis heute nicht aufgearbeitet wurden. Das Problem lässt sich auf die Kurzformel „Wahrheit ohne Gerechtigkeit" bringen. Die Wahrheitskommission empfahl auch eine Untersuchung der Todesschwadronen. Dazu wurde 1993 eine „Gemeinsame Gruppe zur Untersuchung von illegalen bewaffneten Gruppierungen mit politischer Motivation in El Salvador" eingesetzt. Diese Untersuchung ergab, dass Verbindungen der Todesschwadronen in die Privatwirtschaft und in Kreise von Exil-Salvadorianern in Florida existierten. Doch auch die Empfehlungen der „Gemeinsamen Gruppe" wurden von der Regierung nicht umgesetzt. Nach wie vor agieren in El Salvador Todesschwadronen, die jetzt unter dem Deckmantel „allgemeiner Kriminalität" ihre Morde verüben. Sie stellen weiterhin die ernsthafteste Bedrohung für Demokratie und Rechtsstaatlichkeit in El Salvador dar.

Ein moderner Kirchenvater

Bischof Pedro Casaldáliga ist der Überzeugung, man müsse die Kirchengeschichte Lateinamerikas in eine Zeit vor und eine Zeit nach Romero einteilen. Auch Maria Julía Hernández sieht ihn in einer historischen Perspektive: „Romero ist eine jener Gestalten, die es vielleicht alle 500 Jahre gibt." Ricardo Urioste bezeichnet ihn als einen modernen Kirchenvater. Romero hat in seiner persönlichen Entwicklung die Veränderungen nachvollzogen und gelebt, die das Zweite Vatikanischen Konzil in Gang gesetzt hatte. Die Dekrete des Konzils und die Beschlüsse von Medellín sind in ihm lebendig geworden. Durch ihn hat eine neue Kirche in El Salvador Gestalt angenommen. Doch auch innerhalb der Kirche ist Romero bis heute umstritten.

Ein Seligsprechungsverfahren mit Hindernissen

1990 wurde das offizielle Seligsprechungsverfahren für Romero eingeleitet. Erzbischof Rivera y Damas war bei unserem letzten Gespräch 1995 zuversichtlich, dass er im Jahr 2000 selig gesprochen würde. Das Verfahren wurde 1996 auf diözesaner Ebene abgeschlossen und nach Rom weitergeleitet. Aus zuverlässigen Quellen war zu hören, eine baldige Seligsprechung sei auch ein persönlicher Wunsch des Papstes. Als sich Johannes Paul II. bei seinem Besuch in El Salvador 1996 bei einem Essen mit den salvadorianischen Bischöfen danach erkundigte, wie sie über eine mögliche Seligsprechung Romeros dächten, hielt Bischof Marco René Revelo entgegen: „Er ist für den Tod von 70 000 Menschen verantwortlich." In einer skandalösen Weise machte sich der frühere Weihbischof Romeros damit zur Stimme derer, die in El Salvador bis heute behaupten, er trage Schuld am Ausbruch des Bürgerkriegs.

Nachdem es den Gegnern Romeros nicht gelungen war, ein Seligsprechungsverfahren überhaupt zu verhindern, versuchten sie, sein Bild zu verfälschen. Dabei vermischte man seinen Einsatz und seine Stellungnahmen während seiner Zeit als Erzbischof mit denen vor seiner Bekehrung. Man erklärte ihn zu einem „frommen, heroisch fürsorglichen Bischof". Die offensichtliche Absicht dabei war, seine karitative Sorge für die Armen in den Mittelpunkt zu stellen und sein prophetisches Anprangern der Ungerechtigkeit zu ignorieren.

Das Hin und Her um die Seligsprechung Romeros wurde augenfällig in der Kapelle, in der man ihn umgebracht hatte. Die Ordensfrauen brachten dort eine Gedenktafel an, auf der er als „guter Hirte und Märtyrer" bezeichnet wird. Der für das Seligsprechungsverfahren Verantwortliche ordnete an, das Wort „Märtyrer" mit einem schwarzen Plastikstreifen zu überkleben.

Dieser Ehrentitel könne nur mit kirchenoffizieller Erlaubnis verliehen werden. Nach einiger Zeit wurde die Überklebung aber wieder entfernt.

Inzwischen wurden einer baldigen Seligsprechung neue Hindernisse in den Weg gelegt. Bis heute sitzen Gegner Romeros an einflussreichen Stellen im Vatikan. Noch leben in El Salvador die Mitglieder der Oberschicht, die auf die Nachricht seiner Ermordung mit Champagner angestoßen haben. Und auch die Hintermänner aus dem Umkreis von Roberto D'Aubuisson, die den Mord in die Wege geleitet haben, leben noch. Immer noch wird behauptet, er sei von bestimmten kirchlichen und politischen Gruppen manipuliert worden. Gemeint sind damit vor allem die Jesuiten. Doch Jon Sobrino stellt eindeutig klar: „Nicht ich war es, der Bischof Romero half, sondern er half vielmehr mir. Nicht ich war derjenige, der Bischof Romero etwas lehren wollte, sondern er lehrte uns. Hier bin ich einem Menschen und einem Christen begegnet, der um ein Vielfaches größer war als ich. Es war eine Erfahrung großer Gnade, sich an der Seite Romeros klein zu fühlen."

Für Ricardo Urioste ist Romero bis heute der am meisten geliebte und am meisten gehasste Mensch in El Salvador: „Geliebt wird er von den Armen, den Bedürftigen, den Notleidenden, von jenen, die spüren, dass er ihnen diente; gehasst wird er von den Mächtigen, den wirtschaftlich, politisch und in anderer Hinsicht Mächtigen. Aus diesem Grund glaube ich, dass es noch dauern wird, bis er selig gesprochen wird. Man würde ihn vielleicht schneller selig sprechen, wenn es umgekehrt wäre: wenn die Armen ihn nicht lieben würden, sondern die Mächtigen."

Heiligsprechung durch das Volk

Das Volk von El Salvador hat Romero längst heilig gesprochen. Romero lebt im Herzen der Menschen, denen er seine Liebe und seine Hingabe geschenkt hat: in den Armen. In vielen Hütten hängt ein Bild Romeros, häufig einfach aus einer Zeitung ausgeschnitten. „Das Volk hat dich zum Heiligen gemacht", heißt es in Pedro Casaldáligas bekanntem Gedicht. Diese Verehrung Romeros als Märtyrer und Heiligem erinnert an die spontane Übereinkunft einer Gemeinde etwa in der Frage einer Bischofsernennung in der frühen Kirchengeschichte, die als Ausdruck des Willens Gottes gedeutet wurde. Ein wichtiges Kriterium für Selig- und Heiligsprechungen in der katholischen Kirche ist die Verehrung eines Menschen nach seinem Tod. Bei Romero ist diese Verehrung in einer vielfältigen Weise gegeben.

Sein Grab in der Krypta der Kathedrale und die Kapelle, in der er ermordet wurde, sind zu Wallfahrtsstätten geworden. Dort finden sich auf Steinplatten eingraviert oder einfach auf Zetteln geschrieben Danksagungen für Gebetserhörungen und Wunder, die Romero zugeschrieben werden. In den 20 Jahren seit seinem Tod hat sich schon eine „Tradition" um Romero gebildet. In Liedern, den für El Salvador typischen „Corridos", erinnern die Gemeinden an Romero und sein Martyrium. Am 24. März jeden Jahres ziehen Tausende in einer Prozession durch das Zentrum San Salvadors zur Kathedrale, um in einem feierlichen Gottesdienst an die Ermordung Romeros zu erinnern. Zu seinem 80. Geburtstag am 15. August 1997 wurde eine große Wallfahrt nach Ciudad Barrios, seinem Geburtsort, veranstaltet und in den folgenden Jahren wiederholt. Im Centro Monseñor Romero der Zentralamerikanischen Universität befindet sich eine Gedenkstätte, in der an Romero, die ermordeten Jesuiten und alle Märtyrer El Salvadors erinnert wird. Hier wurden auch mehr als 150 Bücher und Schriften über Romero in einer Vielzahl von Sprachen gesammelt. Jedes Jahr veranstaltet das Centro Romero einen Wettbewerb zur Gestaltung eines Posters zum Gedenken an den 24. März.

Ein besonderes Ereignis war die Feier von Romeros 20. Todestag im Jahr 2000. Schon Monate vorher kamen Gemeinden aus dem ganzen Land sonntags in die Krypta der Kathedrale, um eine heilige Messe am Grab Romeros zu feiern. Die Gedenkfeierlichkeiten selbst dauerten eine ganze Woche. Nicht nur Gottesdienste wurden gefeiert, sondern auch Vorträge und Podiumsdiskussionen zu aktuellen politischen und sozialen Fragen veranstaltet. Ein Theaterstück über Romero kam zur Aufführung. Zum ersten Mal konnte am 19. März 2000 der bekannte Film über Romero in einem privaten Fernsehkanal gezeigt werden. Vorher war dieser Film in El Salvador verboten. In einer neunbändigen Werkausgabe wurden die Predigten Romeros und sein Tagebuch veröffentlicht. Zur Vorbereitung dieser Feierlichkeiten wurde eine Stiftung unter seinem Namen gegründet, die die Veranstaltungen koordinierte. Getragen wird diese Stiftung von allen acht Bischöfen El Salvadors. Ihr Präsident ist Ricardo Urioste. Sie soll auch in Zukunft einen Beitrag dazu leisten, das Gedächtnis Romeros lebendig zu erhalten.

Die Menschen meiner früheren Pfarrei verknüpfen die Erinnerung an Romero mit ihrem eigenen Leben. Teresa Castro, die selber schon wegen ihres Engagements in der Kirche mit dem Tod bedroht worden war, antwortete auf die Frage nach dem Vermächtnis Romeros: „Ich meine, dass wir Monseñor Romero schon nicht mehr einen Bischof nennen können, sondern dass er ein Heiliger in der Gegenwart des Herrn ist." Josefina Ramos, Mutter von sechs Kindern, brachte Romero mit Jesus in Verbindung: „Er hat sich ganz den armen Menschen hingegeben und verteidigte uns mit seinem Leben, wie es Jesus gemacht hat. Er war wirklich ein Prophet." Ignacio Pérez, der Ende 1989 von der Armee verschleppt und gefoltert wurde, fasst das Vermächtnis Romeros so zusammen: „Das Erbe von Monseñor ist seine Liebe zu den Ärmsten." Dora Hernández, die mit ihrer Großfamilie in ärmsten Verhältnissen lebt, dachte vor allem an den Tag der Ermordung Romeros zurück: „Monseñor Romero war ein so demütiger und einfacher Mensch für die Armen. Ich erinnere mich, wie er 1980 umgebracht wurde. Mein Vater hat sogar geweint. Er sagte, dass Monseñor für die Armen war. Mein Vater war damals 67 Jahre alt. Als wir im Radio die Nachricht gehört haben, dass sie ihn umgebracht hatten, kniete er sich hin und sagte, dass er der Vater von uns allen war."

Kirchlicher Kurswechsel

In der Erzdiözese von San Salvador wurde als Nachfolger des plötzlich verstorbenen Erzbischofs Arturo Rivera y Damas im Mai 1995 Fernando Sáenz Lacalle eingesetzt. Der gebürtige Spanier ist Mitglied des Opus Dei. Vor seiner Ernennung zum Erzbischof war er Weihbischof von Santa Ana und gleichzeitig Militärbischof. Wie sich schon bald zeigte, bedeutete diese Ernennung einen Bruch mit der prophetischen Linie der früheren Erzbischöfe. Kurz nach seiner Amtseinführung erklärte er, Priester sollten nicht zu politischen Fragen Stellung nehmen; es stehe ihnen nicht zu, irgendjemanden zu kritisieren. Kirchliche Schlüsselpositionen in der Erzdiözese besetzte Sáenz Lacalle mit Vertretern seiner Linie. Proteststürme auch über El Salvador hinaus entfachte Anfang 1997 seine Beförderung in seiner Eigenschaft als Militärbischof vom Rang eines Obersten zum General in der Armee. Allerdings ließ er sich einige Monate später vom Amt als Militärbischof entbinden.

Erzbischof Sáenz Lacalle bestreitet zwar, dass es unter ihm einen Kurswechsel gegeben habe. Doch Bischof Rodrigo Orlando Cabrera von der Diözese Santiago de María bemerkte dazu: „Ich meine, dass es einen Bruch in der Tradition der Erzdiözese gegeben hat, so als wollte man das Bild der Erzbischöfe Romero, Rivera y Damas und Luis Chávez y González vergessen; und ich denke, das sollte so nicht sein. Vielmehr müsste man das reiche Erbe, das diese drei Erzbischöfe hinterlassen haben, aufgreifen und fortführen."

Für die Tradition und das Erbe von Oscar Romero und Arturo Rivera y Damas steht heute vor allem Weihbischof Gregorio Rosa Chávez, dem im Juni 1996 der Hessische Friedenspreis für seine Verdienste bei den Friedensverhandlungen verliehen wurde. In einem Gespräch erinnerte er an die letzte Szene aus dem Film „Romero", die das Volk auf dem Weg zeigt, während eine Stimme im Off die Worte Romeros sagt: „Ein Bischof wird sterben, aber das Volk wird weitergehen." Daran anschließend beschrieb Rosa Chávez die aktuelle Aufgabe der Kirche in El Salvador so: „Ich glaube, ein Volk auf dem Weg lädt uns ein, uns nicht geschlagen zu geben, und fordert uns heraus, es nicht allein zu lassen. Das ist das Bild, das ich von dem Land habe, in dem ich geboren wurde und dem ich diene: ein Volk, das auf dem Weg ist, das aber einen Führer benötigt, der vorangeht. Die Kirche und alle Führungspersonen des Landes haben hier eine große Verantwortung."

Universale Ausstrahlung

Romero hat sein Bischofsamt in einer Art und Weise ausgeübt, die ihn in ganz Lateinamerika zu einem Vorbild werden ließ. Der prophetische Geist Romeros lebt in einer besonderen Weise in Pedro Casaldáliga weiter, dem Bischof von São Félix do Araguaia in Brasilien. Er ist durch sein entschiedenes Eintreten für die Armen und durch seine klaren Stellungnahmen zu den Folgen der neoliberalen Globalisierung bekannt geworden. In einer Rede zum 20. Todestag von Romero sagte er: „In der Welt hat niemals zuvor so viel Armut und Ungleichheit geherrscht, nie war ein so großer Teil der Menschheit von der Menschlichkeit ausgeschlossen. Wir sprechen nicht mehr von den Armen, sondern den Verarmten, den Ausgeschlossenen, den Überflüssigen. Dass es mehr als eine Milliarde Menschen gibt, die täglich mit weniger als einem Dollar leben müssen, ist mehr als nur schweres Unrecht. Denn es würde weniger als ein Prozent des Welteinkommens ausreichen, um die Armut wirklich zu bekämpfen. Dieses System des totalen Egoismus, das mit dem narzisstischen Postmodernismus einhergeht, hat eine strukturelle Krise der Solidarität zur Folge."

Auch die Verfolgung ist für die Kirche in Lateinamerika nach wie vor eine Realität. Im April 1998 wurde in Guatemala Bischof Juan Gerardi erschlagen, zwei Tage nachdem er der Öffentlichkeit den Bericht „Guatemala: niemals wieder" vorgestellt hatte. Dieser Bericht dokumentiert – ähnlich wie jener der Wahrheitskommission in El Salvador – die schlimmsten Greueltaten und Menschenrechtsverletzungen aus den Bürgerkriegsjahren. Er ist das Ergebnis dreijähriger Forschungen unter dem Motto „Wiedererlangung der historischen Erinnerung". In Anknüpfung an Romero sagte Gerardi, dass die Zeugnisse der Opfer und die Berichte von den abscheulichen Verbrechen die Gestalt des leidenden Gottesknechtes wieder aufleben lassen, der im Volk von Guatemala Fleisch geworden sei. Bischof Gerardi wusste, dass es in Guatemala auch 1998 noch gefährlich war, die Wahrheit über die Vergangenheit zu sagen. Er wird als „Märtyrer für das Gedächtnis seines Volkes" verehrt.

Als die argentinischen Bischöfe im September 2000 ein Schuldbekenntnis für ihr Schweigen in den Jahren der Militärdiktatur ablegten, taten sie dies vor den Fotos Erzbischof Romeros und Bischof Enrique Angellelis, der 1976 in Argentinien wegen seines Eintretens für die Verfolgten ermordet wurde. Sie brachten damit zum Ausdruck, dass Romero und Angelleli das gelebt hatten, woran sie es fehlen ließen. Eine interessante und im Sinn Romeros prophetische Konsequenz aus diesem Schuldbekenntnis zog der frühere Bischof der Diözese Viedma Miguel Hesayne. Er richtete am 21. Dezember 2000 einen Brief an den Präsidenten Fernando de la Rúa, in dem er von der Möglichkeit sprach, ihn vom Empfang der Kommunion auszuschließen. Als Grund dafür nannte er kein Vergehen gegen die Kirche, sondern die neoliberale Wirtschaftspolitik der Regierung, die viele Menschen in Argentinien mit dem Tod bedroht. Ebenso wichtig wie das Eintreten der Kirche für das ungeborene Leben sei die Verteidigung des schon geborenen Lebens. Aus der Kirchengeschichte erwähnt er das Beispiel des heiligen Ambrosius, der Kaiser Theodosius das Betreten der Kathedrale von Mailand verwehrte, nachdem dieser einen Aufstand blutig niedergeschlagen hatte.

Romero ist auch für die Weltkirche zu einem Symbol geworden. Auf der Sondersynode für Nord- und Lateinamerika Ende 1997 in Rom ging Weihbischof Gregorio Rosa Chávez in seiner Kurzansprache auf das Leben und das Martyrium Romeros ein. Diese Rede wurde mit dem stärksten Applaus bedacht, den eine Intervention in der Plenarversammlung überhaupt erhielt. Beim Gedenken an die Märtyrer des 20. Jahrhunderts am 7. Mai 2000 im Colosseum in Rom war Romero unter den namentlich Erwähnten. Im Hirtenwort „Gerechter Friede" der Deutschen Bischofskonferenz vom 27. September 2000 wird Romero im Zusammenhang mit der Option für die Armen zitiert: „Kaum etwas ist christlicher, als sich diesen Armen zuzuwenden. Gloria

Dei pauper vivens – die Ehre Gottes ist der leibhaftige, lebendige Arme, so hat Erzbischof Oscar Romero ein Wort der frühen Christenheit für seine Situation ausgelegt."

Romero als Inspirationsquelle für die Theologie

Mit Romeros Bekehrung hat sich auch sein Verhältnis zur Theologie der Befreiung grundlegend verändert. Diese Theologie entwickelte sich in Lateinamerika in den Jahren nach dem Zweiten Vatikanischen Konzil. Als ihr Vater gilt der Peruaner Gustavo Gutiérrez, der sein theologisches Grundanliegen mit der Frage zum Ausdruck brachte: „Wie kann man den Armen sagen, dass Gott sie liebt?" Im Mittelpunkt der Theologie der Befreiung steht die Option für die Armen. Es geht ihr darum, alle Themen der Theologie neu aus der Perspektive der Armen zu durchdenken. Wesentlich ist die praktische Absicht, einen Beitrag zur Veränderung ungerechter Verhältnisse zu leisten. Damit mischte sich die Theologie der Befreiung – wie dann auch Romero – in die sozialen und politischen Fragen ein. Von denen, die an einer Fortdauer der bestehenden Verhältnisse interessiert waren, wurde die Befreiungstheologie als marxistisch und kommunistisch verteufelt.

In seiner Zeit als Weihbischof hatte Romero noch eine negative Sicht von der Theologie der Befreiung. Er bezeichnete sie als eine „Modetheologie" und als gefährlich für den christlichen Glauben. Nach seiner Bekehrung wurde er sich klar darüber, dass man in einer Situation wie der El Salvadors gar keine andere Theologie treiben konnte. Das zeigte sich darin, dass mit Jon Sobrino und Ignacio Ellacuría zwei der profiliertesten Befreiungstheologen zu seinen engsten Beratern wurden. In seinem Tagebuch beschreibt Romero, wie es ihm in Löwen gelungen ist, bei einem belgischen Theologen die Vorbehalte gegenüber der Theologie der Befreiung abzubauen.

Romero selbst war kein Fachtheologe, doch er hat durch seine Verkündigung und durch sein Lebenszeugnis die Theologie vielfach angeregt. Sobrino verdeutlichte in seinem Vortrag zur Verleihung eines posthumen Ehrendoktorats an Romero in der Zentralamerikanischen Universität, wie Romero für ihn zu einer Quelle der theologischen Inspiration wurde. „Ich glaube, so grundlegende Dinge wie das Geheimnis Gottes, die Kirche der Armen, die Hoffnung, das Martyrium, die Solidarität, das Evangelium, wie es wahrhaftig ist, nämlich die Frohe Botschaft, hätte ich ohne Romero nicht theologisch beschreiben können."

Ignacio Ellacuría und mehr noch Jon Sobrino beziehen sich in ihren theologischen Schriften immer wieder auf Romero und seine Predigten. Von Romero angeregt, schrieb Ellacuría einen wichtigen theologischen Beitrag unter dem Titel „Das gekreuzigte Volk". Er beschäftigt sich darin mit der Frage, wie man angesichts von Elend und Unterdrückung noch vom christlichen Heil reden kann. Das zentrale Kapitel von Jon Sobrinos Christologie trägt ebenfalls den Titel „Das gekreuzigte Volk". Dabei bringt er – inspiriert durch Romero – das Kreuz Christi mit dem Leiden der Armen in Verbindung. Eine theologische Grundüberzeugung Sobrinos ist, dass das christliche Heil „von unten" kommt und an die Armen gebunden ist.

Von den europäischen Theologen bezog sich Karl Rahner in seinen letzten Lebensjahren wiederholt auf Erzbischof Romero. In seinem 1983 in der Zeitschrift Concilium erschienenen Aufsatz „Dimensionen des Martyriums" beschäftigte er sich mit einer Erweiterung des klassischen Martyriumbegriffs. Dabei blickte er nach El Salvador: „Aber warum sollte z.B. ein Erzbischof Romero, der im Kampf für die Gerechtigkeit in der Gesellschaft fällt, in einem Kampf, den er aus letzter christlicher

Überzeugung führt, nicht ein Märtyrer sein?" Jürgen Moltmann stellte Romero in seinem christologischen Werk „Der Weg Jesu Christi" neben Dietrich Bonhoeffer als herausragendes Beispiel eines modernen Märtyrers.

Für die theologische Inspiration Romeros steht das theologische Zentrum der Zentralamerikanischen Universität, das seinen Namen trägt und das zu einem der wichtigsten Zentren der Befreiungstheologie in Lateinamerika geworden ist. Konservative kirchliche Kreise erklären seit Jahren, die Theologie der Befreiung sei tot. Das Centro Monseñor Romero ist mit seiner Lehr- und Forschungstätigkeit sowie mit seinen Publikationen ein lebendiger Gegenbeweis. Gustavo Gutiérrez erklärte vor kurzem, seine Sorge gelte nicht der Zukunft der Theologie der Befreiung, sondern der Frage, wo die Armen im 21. Jahrhundert schlafen werden.

Romero im Zeitalter der Globalisierung

Jon Sobrino erinnert sich, wie in den 80er Jahren ein Franzose in El Salvador erklärte: „Ich überbringe euch eine schlechte Nachricht. Monseñor Romero gehört nicht mehr euch, er gehört jetzt der ganzen Welt." Romero ist über die Konfessionsgrenzen hinweg und sogar über die Grenzen des Glaubens hinaus zu einem Vorbild im Einsatz für Menschenwürde und für eine gerechtere Weltordnung geworden. Im Juli 1998 wurde über einem Portal der Westminster Abbey in London ein Statue Romeros enthüllt, wo er zusammen mit neun anderen Märtyrern des 20. Jahrhunderts dargestellt ist, unter ihnen Dietrich Bonhoeffer, Martin Luther King, Mahatma Gandhi und Maximilian Kolbe.

Solidarität im Geist Romeros

Schon zu seinen Lebzeiten hat Erzbischof Romero die Augen der internationalen Öffentlichkeit auf El Salvador gelenkt. Das zuvor weitgehend unbekannte Land wurde zu einem Symbol für Unterdrückung und für den Kampf um Freiheit und Menschenrechte. Weltweit bildeten sich Solidaritätsgruppen für El Salvador, die zwar die Greueltaten nicht verhindern konnten, diese aber zumindest ans Licht und ins Bewusstsein der internationalen Öffentlichkeit brachten.

Jon Sobrino hat auf die ambivalenten Motivationen in der Solidaritätsbewegung für Zentralamerika hingewiesen. So hätten manche Gruppen den Eindruck erweckt, „als ob die Befreiungsbewegungen der Dritten Welt die Probleme einiger Idealisten in der Ersten Welt zu lösen hätten, weil diese zu Hause keinen Spielraum für ihre Utopien finden... Solidarisch zu sein, darf nicht davon abhängig gemacht werden, ob eine Volksbewegung oder eine Revolution Erfolg hat." Tatsächlich hat etwa die Solidarität mit Nicaragua einen starken Rückgang erlebt, als die sandinistische Regierung 1990 abgewählt wurde. Doch gerade die Gruppen, die sich von Romero inspirieren lassen, haben einen langen Atem auch über die politisch-konjunkturellen Veränderungen hinaus bewiesen. Einige dieser Gruppen im deutschsprachigen Raum, die sich ausdrücklich auf Romero berufen, sollen kurz vorgestellt werden.

Eine der ältesten Solidaritätsgruppen für El Salvador in Deutschland ist die „Christliche Initiative Romero". Ursprünglich hieß sie „Christliche Initiative El Salvador", nannte sich aber nach Romeros Ermordung um. Mit einer periodisch erscheinenden Broschüre informiert sie über El Salvador und daneben auch über andere Länder Zentralamerikas und der Karibik. 1984 führte die Initiative eine große Anzeigenaktion gegen die Flächenbombardements der Armee auf die Zivilbevölkerung durch. Die Aktion fand Widerhall und trug zu einer Einstellung dieser Form der Kriegsführung bei. 1988 waren Mitglieder an der Begleitung von Flüchtlingen bei ihrer Rückkehr aus den Flüchtlingslagern von Honduras nach El Salvador beteiligt.

Seit einigen Jahren engagiert sich die Christliche Initiative Romero in der Kampagne „Saubere Kleidung". Dabei geht es um menschenwürdige Arbeitsbedingungen in den „Maquilas" genannten Weltmarktfabriken der Textilbranche in Freihandelszonen, die vornehmlich in Ländern der Dritten Welt errichtet werden. Für die betroffenen Frauen in El Salvador konnten schon spürbare Verbesserungen erreicht werden. Im Kontext der Globalisierung möchte die Initiative kreativ mit dem Erbe Romeros umgehen und die Welt aus der Sicht der Armen wahrnehmen. In einem „bipolaren" Eintreten für die Gerechtigkeit sollen Themen des „armen Südens" auf die Gerechtigkeitsagenda des „reichen Nordens" gebracht werden: „Unsere Erinnerung an Romero bleibt ein Licht der Hoffnung für die Opfer ungerechter Verhältnisse und ein Zeichen des Widerspruchs gegen jegliche Repressionspolitik." Unterstützt werden auch Projekte der Frauenbewegungen und der Indios in Zentralamerika.

Das Romero-Haus in Luzern wurde 1983 von der Missionsgesellschaft Bethlehem in Immensee gegründet. Wegleitend war dabei das spezifische Missionsverständnis der Gemeinschaft: Dienst an der „ganzheitlichen Befreiung", Engagement für ein „Leben in Fülle", das sich in den Schwerpunkten des konziliaren Prozesses entfaltet: Gerechtigkeit, Frieden und Bewahrung der Schöpfung. Die Tätigkeiten des Romero-Hauses bewegen sich in drei Bereichen: Ausbildung von jungen Menschen, die sich in der Missionsgesellschaft engagieren wollen; Kurs- und Bildungsarbeit mit dem Ziel, auch in der Ersten Welt ein neues Denken und Handeln zu entwickeln; die wissenschaftlich-kritische Begleitung der Missionsarbeit in Theologie und Missionswissenschaften.

Ein zentrales Thema im Romero-Haus ist die Vermittlung zwischen Erster und Dritter Welt auf der Suche nach einer gerechteren Weltordnung, ausgehend vom Beispiel Romeros: „Im Leben von Bischof Romero wird sichtbar, dass Gottes Geist ihn aus dem Gefängnis vorgefasster Ideologien befreit, zu echtem Mitleid mit dem unterdrückten, gedemütigten und zum Schweigen gebrachten Volk befähigt und ihn zum unerschrockenen Verteidiger der Menschenrechte und zum Anwalt der Armen gemacht hat. Diesen prophetischen Mut braucht unsere Kirche und Gesellschaft mehr denn je: Prophetische Männer und Frauen, die sich nicht nur ein Bild von der Realität machen, sondern die Wirklichkeit sehen, wie sie ist, und sich wie Bischof Romero einsetzen für einen lebendigen Glauben im Dienst der Gerechtigkeit und des Friedens."

Im Juni 1991 wurde in Oldenburg die Oscar-Romero-Stiftung Oldenburg gegründet. Neben der Verwaltung des Oscar-Romero-Hauses, einem Wohnheim für Studenten und Studentinnen, verfolgt die Stiftung einen Bildungsauftrag. Dabei geht es darum, die Globalisierungsprozesse aus der Perspektive der Verlierer zu sehen, Partnerschaft und Solidarität zwischen Nord und Süd zu fördern, über Ausbeutung und Unterdrückung weltweit zu informieren und dem Schrei der Opfer auch bei uns Gehör zu verschaffen.

Klaus Hagedorn, die treibende Kraft in der der Romero-Stiftung, formuliert in zwei Sentenzen, was er beispielhaft an der Lebenshaltung Romeros findet. Die erste Sentenz: „Der Gegensatz von Liebe ist nicht Hass, der Gegensatz von Hoffnung ist nicht Verzweiflung, der Gegensatz von geistiger Gesundheit und von gesundem Menschenverstand ist nicht Wahnsinn, und der

Gegensatz von Erinnerung heißt nicht Vergessen. Sondern jedes Mal ist der Gegensatz nur Gleichgültigkeit."

Und die zweite Lehre, die aus der Haltung Romeros abgelesen ist: „Fürchte dich nicht vor deinen Feinden – im schlimmsten Fall können sie dich töten. Fürchte dich nicht vor deinen Freunden – im schlimmsten Fall können sie dich verraten. Fürchte dich vor den Gleichgültigen: Sie töten weder noch verraten sie, aber nur mit stillschweigender Zustimmung gibt es auf der Welt Mord und Verrat."

In Hamburg veranstalten verschiedene kirchliche Einrichtungen, Solidaritätsgruppen und Menschenrechtsorganisationen seit 1987 Romero-Tage, die 2001 unter dem Motto standen: „Was würde Monseñor Romero dazu sagen?" Dabei wurden Bezüge hergestellt zur aktuellen Situation in Kolumbien, wo unter Federführung der US-Regierung ein „Plan Kolumbien" erarbeitet wurde, der mit dem Anspruch auftritt, den Frieden in Kolumbien zu fördern, in Wirklichkeit aber mit massiven Waffenlieferungen Öl ins Feuer des Bürgerkriegs gießt. Eine weitere Verbindungslinie ziehen die Hamburger Gruppen nach Porto Alegre in Brasilien, wo sich auf dem Sozialforum im Januar 2001 mehrere tausend Delegierte sozialer Bewegungen aus der ganzen Welt trafen, um eine soziale Alternative zum Weltwirtschaftsgipfel in Davos zu begründen.

Auch in vielen anderen Ländern haben sich eine Vielzahl von Romero-Gruppen gebildet. Romero legte zu seinen Lebzeiten großen Wert auf die „Pastoral der Begleitung" von politischen Gruppen und Bewegungen. Diese Pastoral der Begleitung hat nach seinem Tod eine weltweite Dimension angenommen. Dabei kommt es auch zu selbstverständlichen Kooperationen zwischen kirchlichen und nichtkirchlichen Gruppen. Chancenreich wäre eine größere, internationale Vernetzung der von Romero inspirierten Solidaritätsbewegung.

Globalisierung der Solidarität

Oscar Romero hat den Begriff der Globalisierung, mit dem die heutige Weltsituation beschrieben wird, noch nicht gekannt. Doch die weltweiten wirtschaftlichen, sozialen und politischen Zusammenhänge waren ihm in besonderer Weise bewusst. So kam er in Verbindung mit einer Sitzung der UNO auf den Skandal der Rüstungsausgaben angesichts des Hungers in der Welt zu sprechen. Die Frage der Menschenrechte war für ihn ein globales Problem, wobei er feststellte, dass sie für die Mehrheit der Weltbevölkerung faktisch gar keine Geltung haben. Schmerzlich empfand er die Gleichgültigkeit Europas für Lateinamerika.

Es würde im Widerspruch zu Romeros Anliegen stehen, aus ihm einen Mythos zu machen. Schon Jesus hat gegenüber den Pharisäern scharf auf die Ambivalenz von Denkmälern hingewiesen: „Ihr errichtet den Propheten Grabstätten und schmückt die Denkmäler der Gerechten und sagt dabei: Wenn wir in den Tagen unserer Väter gelebt hätten, wären wir nicht wie sie am Tod der Propheten schuldig geworden. Damit bestätigt ihr selbst, dass ihr die Söhne der Prophetenmörder seid" (Mt 23, 29–31). Sowohl in El Salvador als auch weltweit haben sich die Bedingungen und Verhältnisse stark verändert. Seine Predigten und sein Engagement lassen sich nicht einfach auf andere Gegebenheiten übertragen. Es geht darum, seine Grundhaltung in die heutige Situation zu übersetzen, sich von ihm inspirieren zu lassen.

Im Geist Romeros muss es uns im Blick auf die heutige Weltsituation darum gehen, die Tatsachen aus der Sicht der Verlierer der Globalisierung zur Kenntnis zu nehmen, der Wahrheit ins Gesicht zu blicken. Zur Wahrheit unserer Welt gehört es, dass jährlich mehr als 30 Millionen Menschen verhungern, sieben Millionen aufgrund mangelhafter Ernährung erblinden und über 800 Millionen an schwerer chronischer Unterernährung leiden. Zur Wahrheit unserer Welt gehört es, dass der Reichtum von 358 Milliardären das Gesamteinkommen der armen Länder übersteigt, in denen fast 45 Prozent der Weltbevölkerung leben. Die Kernthese des zehnten Berichts „Globalisierung mit menschlichem Antlitz" des Entwicklungsprogramms der Vereinten Nationen von 1999 lautet, dass die Globalisierung einen tieferen Keil zwischen die armen und die reichen Länder getrieben hat. Dem Bericht zufolge ist der Einkommensunterschied zwischen dem reichsten und dem ärmsten Fünftel der Weltbevölkerung von dreißig zu eins im Jahr 1960 auf vierundsiebzig zu eins im Jahr 1997 gestiegen.

Die in Richtung der 48 ärmsten Ländern fließenden Kapitalströme haben sich von 14,2 Milliarden Dollar im Jahr 1991 auf 10,4 Milliarden im Jahr 1998 verringert. Die führenden OECD-Länder haben sich schon vor 25 Jahren verpflichtet, 0,7 Prozent ihres Bruttosozialprodukts für die Entwicklungshilfe auszugeben. Sie bringen heute im Durchschnitt gerade 0,2 Prozent auf. Die Entwicklungshilfe der reichen an die armen Länder ist seit 1992 um 25 Prozent zurückgegangen. Diesen Rückgang bezeichnete James Wolfensohn, der Präsident der Weltbank, als ein Verbrechen. Nick Stern, der Chefökonom der Weltbank, stellte vor kurzem fest, dass der Protektionismus der Industrieländer die Entwicklungsländer über 100 Milliarden Dollar pro Jahr kostet. Das übersteigt um mehr als das Doppelte, was sie an Entwicklungshilfe erhalten.

So wie Romero nach den strukturellen Gründen für Armut und Elend in El Salvador gefragt hat, müssen wir in Bezug auf die Globalisierung nach den Gründen für diese verheerende Entwicklung fragen. Auch das herrschende neoliberale System hat seine Götzen, die absolut gesetzt werden und Menschenleben fordern: der Götze Markt, der Götze Gewinn, der Götze

Aktienkurs. Der Ausschluss von zwei Dritteln der Weltbevölkerung vom Wohlstand macht offensichtlich, dass versagt hat, was als „neue Weltordnung" angekündigt wurde. Das Gleichnis, das am treffendsten die Situation unserer Welt darstellt, ist jenes vom reichen Prasser und vom armen Lazarus im Neuen Testament. Die Entwicklungshilfe erscheint dabei wie die Brosamen, die vom Tisch des Reichen fallen.

Im Geist Romeros müssen wir nach Auswegen und Alternativen suchen. Die Fachleute sind sich einig, dass die Menschheit die Möglichkeit hätte, den Hunger auf der Welt zu besiegen, dass es aber am politischen Willen dazu fehlt. Beispiele in der jüngeren Geschichte zeigen, dass wir fähig sind, gewaltige Kräfte zu mobilisieren: etwa in den USA für die Landung auf dem Mond oder hier in Deutschland – bei allen verbleibenden Schwierigkeiten – für die Wiederherstellung der staatlichen Einheit. Für den Golfkrieg 1991 wurde in kurzer Zeit eine internationale Allianz gebildet, und auch die Finanzierung dieses Krieges in Milliardenhöhe war kein Problem. Warum gelingt es dann nicht, eine weltweite humanitäre Allianz für die Bekämpfung der extremen Armut zu bilden? Auf dem Millenniumsgipfel der UNO im Jahr 2000 wurde zwar die feierliche Absichtserklärung verabschiedet, die Zahl der Hungernden auf der Welt bis zum Jahr 2015 zu halbieren. Doch gemessen am Schicksal früherer Erklärungen dieser Art ist davon auszugehen, dass auch dieses Ziel nicht erreicht werden wird.

Im Geist Romeros muss sich die Kirche verstärkt in die Weltpolitik einmischen und die Folgen der Globalisierung aus der Perspektive der Armen beurteilen. Schon seit längerem fordert Papst Johannes Paul II. eine „Globalisierung der Solidarität". In seiner Botschaft zum Weltfriedenstag 2001 „Dialog zwischen den Kulturen für eine Zivilisation der Liebe und des Friedens" nennt er unter den Werten, die allen Kulturen gemeinsam sind, an erster Stelle die Solidarität. Als Herz einer Kultur der Solidarität bezeichnet er die „Förderung der Gerechtigkeit". Und er macht dann deutlich, dass es dabei darum geht, „ganzen Völkern den Zugang in den Kreis der wirtschaftlichen und menschlichen Entwicklung zu eröffnen, von dem sie ausgeschlossen oder ausgegrenzt sind. Dafür genügt es nicht, aus dem Überfluss zu geben, den unsere Welt reichlich produziert. Dazu müssen sich vor allem die Lebensweisen, die Modelle von Produktion und Konsum und die verfestigten Machtstrukturen ändern, die heute die Gesellschaften beherrschen."

Ignacio Ellacuría setzte sich in seinem letzten Artikel wenige Monate vor seiner Ermordung mit der Frage einer neuen Weltzivilisation auseinander. Darin betont er, dass die Lösungen, die die Erste Welt anbietet, schon allein deswegen keine wirklichen Problemlösungen sein können, weil sie nicht universalisierbar sind. Es ist schlicht unmöglich, dass die Dritte Welt nur annähernd so lebt, wie die Erste Welt, weil dazu die natürlichen Ressourcen fehlen und weil dies auch ökologisch zum globalen Kollaps führen würde. Nur der Entwurf einer Weltordnung, der universalisierbar ist, kann als Modell annehmbar sein. Deshalb plädiert Ignacio Ellacuría für eine Weltzivilisation der Armut, für eine Zivilisation der geteilten Genügsamkeit. Die Zivilisation der Armut „macht die universale Befriedigung der Grundbedürfnisse zum Prinzip der Entwicklung und das Prinzip der gemeinsamen Solidarität zur Grundlage der Humanisierung". Das stellt Lebensstil und Konsum bei uns in Frage. Doch vielleicht liegt gerade darin eine Chance. „Es muss doch mehr als alles geben", heißt ein zum Nachdenken anregender Buchtitel von Dorothee Sölle. „Besser gut leben als viel haben", lautete das Motto der Misereor-Fastenaktion vor einigen Jahren.

Die Erneuerungsbewegungen in der Kirche waren fast immer mit der Armut des Evangeliums und einem lebendigen Kontakt zu den Armen verbunden. Ich bin der Überzeugung, dass auch heute der Weg der kirchlichen Erneuerung über die Armen der Welt verlaufen muss und wird. Wer sich auf die Seite der Armen begibt, macht nicht selten die beglückende Erfahrung, dass ihm mehr geschenkt wird, als er geben kann. Gerade unter den Armen finden sich menschliche Qualitäten wie Gastfreundschaft, Dankbarkeit und Zärtlichkeit, die in den Überflussgesellschaften oft schon erstickt sind. In diesem Sinn hat Jon Sobrino in einem Beitrag über Romeros weltweite Wirkung eine alternative Globalisierung skizziert: „Während man also heute eine trivialisierte Gestalt des Glaubens und des Lebens globalisiert, während Konsumismus und Egoismus, aber auch Missachtung und der Ausschluss von Hunderten von Millionen, wenn nicht gar Milliarden von Menschen globalisiert werden, ist es höchst bedeutsam, auf eine andere Art von Globalisierung zu verweisen: auf die Globalisierung von Wahrheit, Engagement, Liebe und Zärtlichkeit."

Mystik und Politik

Romeros Spiritualität, in der sich Gottesliebe und Nächstenliebe, Kontemplation und Aktion, Vertrauen auf Gott und tätiger Einsatz für die Gerechtigkeit, Mystik und Politik verbinden, ist heute so aktuell wie vor 20 Jahren. Der Weg seiner Bekehrung ist wegweisend für eine Globalisierung, in der nicht der Markt, sondern der Mensch im Mittelpunkt steht. Als ein deutscher Journalist Romero fragte, was man denn von Europa aus für El Salvador tun könne, war seine Antwort überraschend. Er sprach nicht von Entwicklungshilfe oder von den internationalen Handelsbeziehungen, sondern von der Grundvoraussetzung für Solidarität: „Vergesst nicht, dass wir Menschen sind."

Als wesentlicher Aspekt von Romeros Bekehrung und seiner Spiritualität hat sich gezeigt, dass ihm die Augen geöffnet wurden, dass er die Realität neu aus der Perspektive der Opfer sehen lernte. Hier gibt es interessante Entsprechungen bei Johann Baptist Metz, der mit seiner „Theologie der Welt" und seiner „Politischen Theologie" die Konsequenzen aus dem Zweiten Vatikanischen Konzil für unsere Verhältnisse gezogen hat. Metz nimmt als Christ und Theologe das Erschrecken über die Unmenschlichkeit des 20. Jahrhunderts sehr ernst. Als konkreter Ort für die geschichtlichen Katastrophen steht für ihn Auschwitz. Von daher lautet seine Grundfrage, wie man nach Auschwitz Theologie treiben könne.

Auf Einladung des Goethe-Instituts bereiste Johann Baptist Metz 1988 einige Länder Lateinamerikas, um Vorträge über kirchliche und theologische Themen zu halten. Nach seiner Rückkehr versuchte er in einer Vorlesung Rechenschaft abzulegen über „Lateinamerika als theologische Erfahrung". Dabei unterstreicht er von Anfang an stark die Bedeutung des Sehens und spricht wiederholt von den „Augen der Theologie". Er äußert den Verdacht, dass uns gerade in der europäischen Theologie „weniger die Gedanken fehlen als die Augen, die zunächst einmal sehen und sehen lehren, was unbedingt theologisch bedacht sein will."

Im richtigen Sehen liegt für Metz der Zusammenhang zwischen Spiritualität und Politik begründet: „Die christliche Spiritualität ist in einem recht verstandenen Sinne durchaus politische Spiritualität, christliche Mystik ist politische Mystik. Nicht als Mystik der politischen Macht und der politischen Herrschaft, sondern zunächst einmal ganz schlicht und fundamental als Mystik der geöffneten Augen. Jesus ist eben nicht Buddha; bei allem Respekt sei dies betont. Jesus lehrt schließlich keine Mystik der geschlossenen Augen, sondern eine Art Wahrnehmungsmystik, eine Mystik der offenen Augen, die mehr und nicht weniger sehen als andere, die vor allem unsichtbares, ungelegenes Leiden sichtbar machen und – gelegen oder ungelegen – auch darauf aufmerksam machen."

Metz erinnert an das Gleichnis vom barmherzigen Samariter und an die Parabel vom Jüngsten Gericht mit der Frage: „Wann aber, Herr, hätten wir dich denn gesehen, nackt gesehen, hungernd gesehen, durstig gesehen, im Gefängnis gesehen?" Und er betont im Anschluss daran: „Offensichtlich geht es hier um einen Grundpfeiler des Verhältnisses von Evangelium und politischem Leben, um die Sichtbarkeit der Heilsbegegnung, um die Sichtbarkeit der Gnade oder, anders ausgedrückt, um die Augen des Glaubens, der Nachfolge und um die Augen der Theologie."

Das richtige Sehen betrifft nicht nur die Theologie, sondern den christlichen Glauben insgesamt. Als kategorischer Imperativ des Christentums gilt für Metz die immer wiederkehrende biblischen Aufforderung: „Aufwachen, die Augen öffnen." So ist das Christentum für ihn „eigentlich eine Schule des Sehens, eine Überwindung unserer eingeborenen Sehschwierigkeiten, unserer kreatürlichen Narzissmen, unserer elementaren Angst vor dem genauen Hinsehen, vor jenem Hinsehen, das uns ins Gesehene unentrinnbar verstrickt und das uns nicht mehr unschuldig passieren lässt. In solchem Sehen wurzelt auch der politische Charakter des Christentums – und der mystische zugleich: Im Entdecken, im Sehen von Menschen, die unserem vertrauten Gesichtskreis unsichtbar bleiben, beginnt nämlich die Sichtbarkeit Gottes unter uns, befinden wir uns auf seiner Spur."

Mit dem Sehen ist für Metz die Leidempfindlichkeit des christlichen Glaubens verknüpft: „Jesu erster Blick galt nicht der Sünde der anderen, sondern dem Leid der anderen." Er findet kein deutsches Wort, das diese Leidempfindlichkeit angemessen zum Ausdruck bringt, und verwendet deswegen versuchsweise das Fremdwort „Compassion". Der „Autorität der Leidenden" sind alle Religionen und Kulturen unterworfen. So wird die Compassion zum „Schlüsselwort für das Weltprogramm der biblischen Religion im Zeitalter der Globalisierung". Johann Baptist Metz begegnet darin dem „Sehen mit den Augen des Herzens" bei Romero.

Dieses Sehen führt in die Mitte des christlichen Glaubens: zum Kreuz. „Sie werden auf den schauen, den sie durchbohrt haben", heißt die Prophezeiung des Sacharja, die der Evangelist Johannes auf den gekreuzigten Jesus und die Romero auf das gekreuzigte Volk anwendet. Im Kreuz zeigt sich die Bosheit der Menschen, die Sünde der Welt. Und im Kreuz zeigt sich auch die vergebende und erlösende Liebe Gottes. Im Zentrum der christlichen Spiritualität steht die Betrachtung des Kreuzes. Ignatius von Loyola ermutigt in den Exerzitien, ein regelrechtes Zwiegespräch mit dem gekreuzigten Christus zu führen und dabei zu fragen, „was ich für Christus getan habe, was ich für Christus tue, was ich für Christus tun soll". Inspiriert durch Romero hat Ignacio Ellacuría dieses Zwiegespräch in einer kreativen Umdeutung auf die gekreuzigten Völker angewendet. Am Ende eines Vortrags in Spanien richtete er an seine Zuhörer die Bitte: „Nur zwei Dinge würde ich von Ihnen wünschen: dass Sie Ihre Augen und Ihre Herzen diesen Völkern zuwenden, die so viel leiden – manche Hunger und Elend, andere Unterdrückung und Verfolgung – und dann vor diesem so gekreuzigten Volk das ‚Zwiegespräch' aus den Exerzitien des heiligen Ignatius halten und fragen: Was habe ich dazu beigetragen, dass sie gekreuzigt sind? Was unternehme ich, damit sie von Kreuz herabsteigen? Was muss ich tun, damit dieses Volk aufersteht?"

Literatur

I. Schriften Romeros

Colección Homilías y Diario de Mons. Oscar Arnulfo Romero, 9 Bde., San Salvador 2000: umfasst alle erhaltenen Predigten und das Tagebuch; nicht aufgenommen sind die vier Hirtenbriefe aus der Zeit als Erzbischof.

La voz de los sin voz. La palabra viva de Monseñor Romero, Introducción, comentarios y selección de textos de J. Sobrino, I. Martín-Baró y R. Cardenal, San Salvador 1980: in mehreren Neuauflagen erschienene Sammlung von Predigten, Ansprachen, Interviews und drei Hirtenbriefen.

Romero, Oscar Arnulfo: Für die Armen ermordet. Wie der Erzbischof von San Salvador das Evangelium verkündet, Freiburg 1982: enthält in deutscher Übersetzung neun der letzten Predigten Romeros.

Romero, Oscar Arnulfo: Blutzeuge für das Volk Gottes, Olten/Freiburg 1985: weitere Predigten.

Romero, Oscar Arnulfo: In meiner Bedrängnis. Tagebuch eines Märtyrerbischofs 1978–1980, Freiburg 1993: deutsche Übersetzung des Tagebuchs, allerdings mit einigen Kürzungen.

Romero, Oscar Arnulfo: Die notwendige Revolution, Mainz 1992: enthält Teile des vierten Hirtenbriefs, einige Predigten und eine theologische Analyse seiner Gestalt und seines Werks von Jon Sobrino.

Delgado, Jesús: Monseñor Romero. Sus cartas personales, pensamientos y consejos, San Salvador 1995: Sammlung von privaten Briefen Romeros.

Sievernich, Michael (Hg.): Impulse der Theologie der Befreiung für Europa. Ein Lesebuch, München 1988: enthält Romeros Vortrag in Löwen „Die politische Dimension des Glaubens. Erfahrungen der Kirche in El Salvador".

II. Biographien und biographische Texte

Erdozaín, Pácido: San Romero de América – das Volk hat dich heilig gesprochen. Die Geschichte des Bischofs Oscar A. Romero von San Salvador, Wuppertal 1980: das erste Lebensbild, unmittelbar nach der Ermordung Romeros geschrieben.

Brockman, James R.: Oscar Romero. Eine Biographie, Freiburg/ Schweiz 1990: die immer noch umfassendste und am besten dokumentierte Biographie.

Delgado, Jesús: Oscar A. Romero, Biografía, San Salvador 1990: aus der Perspektive eines engen Mitarbeiters Romeros geschrieben; bringt einige wichtige zusätzliche Informationen und Ergänzungen zur Biographie Brockmans.

Carranza Oña, Salvador: Rutilio-Romero. Vidas encontradas, San Salvador 1992: beschreibt die Beziehung von Romero und Rutilio Grande.

Díez ,Zacarias u. Macho, Juan: „En Santiago de María me topé con la miseria". Dos años de la vida de Mons. Romero, San Salvador o. J.: beschreibt die Jahre Romeros von 1974 bis 1977 als Diözesanbischof von Santiago de María und bringt für diese Zeit wichtige Ergänzungen zu den bisherigen Biographien.

López Vigil, María: Oscar Romero. Ein Portät aus tausend Bildern. Luzern 1999: erstellt aus rund 200 Gesprächszeugnissen ein Lebensbild aus kollektiven Erinnerungen.

Kaufmann, Ludwig: Damit wir morgen Christ sein können. Vorläufer im Glauben, Freiburg 1984: bietet eine inspirierte Darstellung von Romeros Bekehrung zu den Armen.

Schoenborn, Paul Gerhard: Alphabete der Nachfolge. Märtyrer des politischen Christus, Wuppertal 1996: stellt Romero in eine Reihe mit Franz Jägerstätter, Kaj Munk und Dietrich Bonhoeffer.

Cardenal, Rodolfo: Historia de una esperanza. Vida de Rutilio Grande, San Salvador 1985: umfassende Biographie Rutilio Grandes mit ausführlichen Abschnitten über dessen Beziehung zu Romero.

III. Weitere Bücher

Sobrino, Jon: Monseñor Romero, San Salvador 1989: Zusammenstellungen verschiedener Beiträge, in denen Sobrino vor allem theologisch über Person und Werk Romeros reflektiert.

Collet, Giancarlo/Rechsteiner, Justin (Hg.): Vergessen heißt verraten. Erinnerungen an Oscar A. Romero zum 10. Todestag, Wuppertal 1990: enthält einen längeren Text von Jon Sobrino über seiner persönlichen Erinnerungen an Romero und weitere Beiträge über die Wirkung Romeros.

Hagedorn, Klaus (Hg.): Anpassung oder Widerstand – Wie konform wollen wir sein? Oscar A. Romero und dem gekreuzigten Volk von El Salvador zum Gedenken, Oldenburg 1991: Versuche einer Aktualisierung und Konkretisierung von Romeros Inspiration für unsere Verhältnisse.

„Falsche Propheten gibt es genug". Werkmappe zum 20. Todestag von Erzbischof Oscar Arnulfo Romero: zu beziehen über die Christliche Initiative Romero, Frauenstr. 3–7, 48143 Münster.

Sobrino, Jon: Christologie der Befreiung, Mainz 1998: erster Band einer umfassenden Christologie mit zahlreichen Bezugnahmen auf Romero.

Metz, Johann Baptist/Bahr, Hans-Eckehard: Augen für die anderen. Lateinamerika – eine theologische Erfahrung, München 1991: zwei deutsche Theologen reflektieren über ihre Erfahrungen in und mit Lateinamerika.

Register

Aguilares 39–43, 45, 134, 136
Alas, Inocencio 92
Alvarez, Carmen 95
Alvarez, Eduardo 59–60
Angelleli, Enrique 166
Aparicio, Pedro Arnoldo 61–62
Arceo, Sergio Méndez 63
Arns, Paulo Evaristo 63
Arrupe, Pedro 68
Azcue, Segundo 76, 80

Baggio, Sebastiano 67, 87, 98
Barrera, Ernesto 59
Bonhoeffer, Dietrich 169
Borgonovo Pohl, Mauricio 44
Brockman, James 13

Cabrera, Orlando Rodrigo 164
Câmara, Helder 52
Carranza, Salvador 38, 43, 106
Carter, Jimmy 73
Casaldáliga, Pedro 12, 85, 158, 161, 165
Chávez y González, Luis 18, 30–31, 36–37, 62, 164
Ciudad Barrios 16, 18, 161

D'Aubuisson, Roberto 70, 155–156
De la Puente, Luis 22
Delgado, Jesús 13, 25
Dialog 47–49
Diez, Zacarías 33
Duarte, Napoleón 155

Elizondo, Miguel 22
Ellacuría, Ignacio 10, 11, 12, 31, 95, 107, 151, 167–168, 177, 181
Erdozaín, Plácido 141
Exerzitien 21–22, 28, 74–77, 85, 101, 140, 142, 181

Gerada, Emanuele 36
Gerardi, Juan 165
Gewalt 54–55
Götzen 53–54, 128–130, 175–176
Grande, Rutilio 10, 29, 39–43, 59, 64, 96, 100, 106, 134
Gutiérrez, Gustavo 167, 169

Hagedorn, Klaus 172
Hernández Martínez, Maximiliano 18–20
Hernández Pico, Juan 97

Hernández, María Julia 13, 93, 131, 157–158
Hesayne, Miguel 166

Ignatius von Loyola 21, 28, 85, 94–94, 101, 143–145, 181

Jérez, Cesar 99
Jesuiten 10, 21, 26, 31, 36–40, 46, 49, 62, 95, 99, 144, 161
Johannes Paul II. 51, 65–67, 150, 159, 176–177
Johannes XXIII. 9–10 , 111–113, 115

Kaufmann, Ludwig 9–10
Konzil, Zweites Vatikanisches 26, 29, 43, 55, 65, 78, 109–115, 117–121, 158

López Trujillo, Alfonso 63
López Vigil, María 13
Lorscheider, Aloísio 63
Lubac, Henri de 110

Machado, Miguel Angel 23–25
Macho, Juan 33, 86, 141
Marmion, Columba 22
Martín–Baró, Ignacio 10, 12
Marty, François 68
Märtyrer 57–58, 159, 161
Marxismus 27, 60, 121
Medellín, Bischofsversammlung 26–29, 29–30, 36–37, 39, 43, 46, 55, 64–65, 78, 109, 116, 151, 158

Menschenrechte 49, 83, 90, 120, 151–154, 170, 172, 174
Metz, Johann Baptist 179–181
Molina, Arturo Amando 35, 38
Moltmann, Jürgen 169

Navarro, Alfonso 44

Option für die Armen 27, 29, 67, 71–73, 116, 125–127, 166
Opus Dei 37, 46, 95, 100, 163
Ortiz, Octavio 62

Pascal 133
Paul VI. 36, 54, 64–65, 115
Pironio, Eduardo 68
Proaño, Leonidas 63
Puebla, Bischofsversammlung 62–64, 131, 137–139

Rahner, Karl 110, 168
Revelo, Marco René 36, 59–60, 159
Rivera y Damas, Arturo 12, 30, 37, 95–96, 150–152, 156, 159, 163–164
Rom 21–22
Romero y Galdámez, Guadalupe de Jesús 17
Romero, Carlos Humberto 39, 59
Romero, Gaspar 50
Romero, Santos 16
Romero, Tiberio Arnaldo 157
Romero, Zaída 13, 19
Rosa Chávez, Gregorio 13, 151, 164, 166

Sáenz Lacalle, Fernando 163–64
Saint-Exupéry, Antoine de 104
San Miguel 22–26, 100
Santiago de María 33–36, 39, 46
Schneider, Reinhold 85
Sobrino, Jon 9, 13, 31–32, 37, 42, 45, 58, 97, 106, 167–170, 178
Solidaritätsgruppen 170–173
Sölle, Dorothee 177
Sünde, strukturelle 123–124

Teresa von Kalkutta 49
Theologie der Befreiung 31–32, 63–64, 167–169
Thomas von Kempen 21

Urioste, Ricardo 13, 38, 81, 101–102, 106, 108–109, 140, 158, 160, 162
Urrutía, Rafael 92
USA 18, 69, 73, 78, 150–151, 173

Valladares, Rafael 21
Ventura, Miguel 60

Zeichen der Zeit 28, 91, 113–114
Zentralamerikanische Universität 10, 12, 36, 152, 161

Meister der Spiritualität

Jörg Zink
Jesus
Meister der Spiritualität
Band 5065

Sein Leben, sein Sterben und der Glaube an sein Weiterleben haben Weltgeschichte gemacht und das Leben vieler Menschen radikal verändert.

Stefan Kiechle
Ignatius von Loyola
Meister der Spiritualität
Band 5068

Ein Leben, dessen spirituelle Kraft noch heute viele Menschen motiviert und sie zu Innehalten und Veränderung führt.

Annemarie Schimmel
Rumi
Meister der Spiritualität
Band 5093

Die wohl bedeutenste Rumi-Forscherin bietet eine hinreißende Einführung in sein Leben, seine geistig-kulturellen Hintergründe, seine poetische Mystik und seine spirituelle Welt.

Gregor Paul
Konfuzius
Meister der Spiritualität
Band 5069

Moralische Integrität, Menschlichkeit, glückliches und sinnvolles Leben: Eine Einführung in sein Leben und seine Antworten auf Fragen, die uns heute beschäftigen.

HERDER spektrum